L'ÉDUCATION DU CHIEN POLYVALENT
Compagnie, Garde, Défense

FRANÇOIS KIESGEN DE RICHTER

ISBN-13: 978-1540008169
ISBN-10: 1540008169

DÉDICACES

À Didier Batsch de Canine Éducation
À mes petites filles Léa et Zoé

SOMMAIRE

QUELLE RACE DE CHIEN CHOISIR

En ce qui concerne le chien de compagnie, bien évidemment toutes les races conviennent ; c'est une question de corrélation entre la beauté du chien, sa taille et son poids, votre mode de vie et les besoins de votre chien.

Pour les chiens polyvalents vous devez choisir une race prédisposée à la garde et à la défense, tout en étant excellente en chien de compagnie.

Aussi, les capacités naturelles de dissuasion, d'alerte, de mordant et de défense, doivent toujours avoir été enseignées, tout simplement car entre une réaction instinctive et une réaction programmée, il y a une énorme différence.

En effet un chien éduqué proportionne sa réponse au danger, alors qu'un chien pris de court réagit instinctivement.

La légitime défense s'entend comme une réponse proportionnée à la menace subie : vous êtes responsable de la maîtrise de votre chien.

Une socialisation prononcée est la première règle à respecter. Elle doit commencer chez l'éleveur et se poursuivre dès l'arrivée du chiot.

Le chien polyvalent est en premier lieu un chien de compagnie, qui comme tous les membres de la famille, est respecté et aimé. Il ne faut jamais attribuer à un chien polyvalent, l'unique rôle de garder et ou de défendre, il faut aussi répondre à ses besoins émotifs, cette règle est fondamentale. Dans le milieu professionnel, notamment militaire ou j'ai travaillé, l'entraînement est quotidien, intensif, l'exigence de précision est absolue, la qualité de la relation du couple conducteur et chien sera presque fusionnelle car la confiance en opération doit être absolue. Le métier de conducteur de chien dans une unité cynophile professionnelle – armée, police, gendarmerie - est ouvert uniquement aux sous-officiers d'active, qui sont sélectionnés sur tests et ensuite formés selon un cursus progressif.

J'ai choisi de vous présenter dix races de chien qui conviennent parfaitement à une utilisation polyvalente. Je précise que les caractéristiques attendues sont celles de chiens LOF, dont les reproducteurs sur trois générations sont d'excellents spécimens. Il est souhaitable que les deux parents du chiot que vous allez choisir aient validé un CSAU et un TAN et obtenu un CACIB ou un CACS. La lignée sera excellente si au moins l'un des géniteurs a validé un TATD et un Brevet de Chien de Défense. Bien que les cent pour cent n'existent pas, vous aurez plus la certitude d'avoir un chien d'exception en veillant à ces critères. À titre personnel, j'ai choisi la lignée de mes Bergers Belges puis j'ai réservé mes deux chiots pour la prochaine portée.

Je vais vous présenter le Berger Allemand, le Dobermann, le Berger de Picardie, le Berger Hollandais, le Cane corso et le Berger Belge. Ce choix est personnel. D'autres races sont aussi très polyvalentes, et conviendront très bien. Il sera important que vous ayez une connaissance de la race avant de porter votre choix sur un chiot.

Enfin, je reconnais qu'un Caniche peut être un bon chien de garde et qu'un Berger Border Colley peut faire de la défense. Aussi un chien croisé peut s'avérer un excellent chien polyvalent. De même un chien à qui vous aurez donné une seconde chance, peut se révéler un excellent chien polyvalent.

J'ai inscrit mon guide dans l'esprit de l'entraînement et de la compétition en Ring et en RCI, qui sont des disciplines réservées aux chiens LOF.

Il existe trois notions clés en classement canin FCI : les races, les catégories, et les groupes.

Nous allons aborder les catégories qui classent la

L'éducation du chien polyvalent

dangerosité des chiens.

Les chiens de catégorie 1 sont des chiens de garde et de défense qui ne sont pas reconnus par le LOF (le livre des origines françaises des différentes races de chiens) et apparentés aux raccs : American Staffordshire Terrier, Mastiff, Tosa.

Les chiens de catégorie 2 sont des chiens qui sont LOF et apparentés aux races : American Staffordshire Terrier, Mastiff, Tosa. La catégorie comporte une exception et inclut la race du Rottweiler, sans LOF.

L'espèce canine est divisée en 10 groupes dans lesquels figurent des races ayant un certain nombre de caractères distinctifs communs.

Groupe 1 : Chiens de Berger et de Bouvier (sauf Chiens de Bouvier Suisses)

Groupe 2 : Chiens de type Pinscher et Schnauzer - Molossoïdes - Chiens de Montagne et de Bouvier Suisses et Autres Races

Groupe 3 : Terriers

Groupe 4 : Teckels

Groupe 5 : Chiens de Type Spitz et de Type Primitif

Groupe 6 : Chiens Courants, Chiens de Recherche au Sang et Races Apparentées

Groupe 7 : Chiens d'Arrêt

Groupe 8 : Chiens Rapporteurs de Gibier - Chiens Leveurs de Gibier - Chiens d'Eau

Groupe 9 : Chiens d'Agrément et de Compagnie

Groupe 10 : Lévriers

Les races dites de travail, de compétition ou d'utilisation, relèvent en France de la Commission d'Utilisation Nationale du Chien de Berger et de Garde (CUNCBG).

Si vous voulez un chien de garde et/ou de défense, il faudra obligatoirement le choisir dans les races qui sont autorisées.

En France, le travail au mordant est réservé aux races suivantes qui seules pourront donc faire l'objet d'une éducation spécialisée à la garde et à la défense :

Airedale Terrier, Berger Allemand poil court, Berger Allemand poil long, Berger blanc suisse poil long, Berger blanc suisse poil mi long, Berger de Beauce, Berger de brie fauve, Berger de brie noir - ardoise - gris, Berger de Picardie, Berger des Pyrénées face rase, Berger des Pyrénées poil long, Berger hollandais poil court, Berger hollandais poil dur, Berger hollandais poil long, Border collie, Bouvier d'Australie, Bouvier des Ardennes, Bouvier des Flandres, Boxer bringé, Boxer fauve, Cane corso, Chien de berger belge Groenendael, Chien de berger belge Laekenois, Chien de berger belge Malinois, Chien de berger belge Tervueren, Chien de berger Catalan, Colley à poil court, Colley à poil long, Doberman marron et feu, Doberman noir et feu, Dogue des canaries, Dogue majorquin, Fila de Saint Miguel, Hovawart, Kelpie Australien, Rottweiler, Schnauzer géant noir, Schnauzer géant poivre et sel, Terrier noir russe.

ORIGINES DU CHIEN

La domestication du chien est intervenue longtemps avant celle de toutes les autres espèces domestiques actuelles. Elle précède de plusieurs dizaines de milliers d'années la sédentarisation et l'apparition des premières fermes agricoles.

Les chiens sont issus du Loup gris (Canis lupus) domestiqué à plusieurs endroits du monde.

L'identité exacte de l'ancêtre du chien a longtemps été un mystère. Des scientifiques subodoraient que les chiens provenaient d'un croisement entre des Loups et des chacals.

Les progrès récents ont finalement permis d'établir que le chien est plus proche génétiquement des sous-espèces actuelles de Canis lupus (Loup gris) avec lequel il partage 99,9 % de son ADN.

En 1997, une comparaison de génome sur 300 échantillons appartenant à la lignée des chiens domestiques actuels et à la lignée des Loups gris, a montré que ces lignées s'étaient séparées il y a 35 000 ans.

La découverte d'une lignée de Loup aujourd'hui éteinte : le Loup Taïmyra est à l'origine de la divergence entre le Loup et le chien. Il y a 27 000 ans la séparation devint totale.

La relation entre humains et canidés sauvages est très ancienne. Des restes de Loups ont été retrouvés en association avec ceux d'hommes il y a 400 000 ans.

Les Chasseurs-Cueilleurs et les Loups avaient plusieurs points communs : ils appartenaient à des espèces sociables, ils partageaient le même habitat et ils se nourrissaient des mêmes proies.

L'éducation du chien polyvalent

Des études ont montré que les louveteaux capturés tout jeunes et élevés par des hommes s'apprivoisaient et se socialisaient facilement, d'autant plus qu'ils dépendaient de leurs maîtres pour leur alimentation.

Cela n'explique toutefois pas leur domestication, puisque ces louveteaux demeuraient des Loups. Pour cela l'homme fit s'accoupler des Loups domestiqués et commença à en faire l'élevage.

Ainsi naquit le Canis Lupus Familiaris, autrement dit : le nom scientifique de votre chien. Et ce, quelle que soit sa race !

En sélectionnant les Loups et en les croisant en fonction de leurs aptitudes et de leurs physiques : le plus petit avec le plus petit, celui court sur pattes avec son semblable, le museau le plus plat avec un autre museau plus plat, le plus rapide avec le plus rapide, le plus agile avec le plus agile, les poils longs avec les poils longs…

Les races sont apparues, avec des spécificités physiques typiques, des aptitudes particulières, des caractères précis, qui sont décrites avec précision dans un document officiel : le Standard de Race.

Le Pedigree peut être considéré comme le passeport du chien de race pure. On peut remonter jusqu'à quatre générations grâce à ce document. En France, c'est la Société Centrale Canine qui gère et délivre le Pedigree.

Le Pedigree remplace le certificat de naissance et s'obtient après avoir présenté le chien à l'examen de confirmation : entre 12 à 15 mois, selon les races, en général 15 mois.

Lors de cet examen, un juge confirmateur examine la conformité de votre chien au standard de sa race et l'évalue par rapport aux autres, pour attribuer le CACIB et le CACS. Il n'y a pas d'âge maximum ni d'âge minimum. Les séances de confirmation sont organisées par les Sociétés Canines Régionales lors des expositions canines ou par les Clubs de race. À noter que les confirmations ouvrent un droit d'inscription que vous devez acquitté. Aussi vous devrez envoyer le carnet LOF à la SCC avec le document de validation de la confirmation qui vous est remise sur place. Parfois l'attente de retours du document est longue.

Il y a ensuite des concours ou le chien est attribué à une classe qui va de puppy à vétéran en passant par les classes, intermédiaires, ouvertes, travail, champions, jeunes et meutes. Il existe une classe permettant de faire participer des chiens qui ne concourent pas.

Le meilleur chien pourra prétendre au CACIB (Certificat d'Aptitude au Championnat International de Beauté) de la FCI, ou/et au CACS (Certificat d'Aptitude de Conformité au Standard). Le chien qui a remporté plusieurs CACS et/ou CACIB peut être homologué Champion National de Conformité au Standard ou Champion International de Beauté.

Le Livre des Origines Français regroupe environ 400 races de chiens homologuées par la Fédération Cynologique Internationale.

Le LOF vous donne la certitude du Chiot dont les qualités et les attributs sont ceux de sa race. C'est très important pour un chien polyvalent car vous connaîtrez par avance les caractéristiques du chien et ses comportements prévisibles.

Les chiens de race ont des caractères et des comportements typiques qui font leur charme et leur efficacité. Les caractéristiques physiques et les aptitudes particulières de chaque race sont décrites avec précision dans un document officiel : le Standard de Race. Ce document, émanant du pays d'origine du chien, est la "référence". Il décrit avec précision les différentes parties du corps, les couleurs et natures de robe ainsi que les traits dominants. C'est un appui précieux sur lequel vous pouvez compter.

L'attestation de vente est obligatoire pour un chien LOF. Ce contrat, signé par le vendeur et l'acheteur, doit mentionner : la date de vente, l'identité du chien, son prix, l'adresse des vétérinaires choisis par les parties en cas de

L'éducation du chien polyvalent

litige. Elle précise l'inscription provisoire ou définitive du chien au L. O. F.

Votre vendeur ayant inscrit provisoirement votre chiot au L. O. F. recevra le Certificat de Naissance qu'il devra vous transmettre.

La Puce électronique est obligatoire pour les chiens LOF. L'immatriculation des carnivores domestiques est exigée en France dans un certain nombre de situations : avant la cession (même gratuitement, et même entre particuliers), pour les chiens de plus de 4 mois et au-delà, pour certifier les passages transfrontaliers.

La Puce électronique est également précieuse pour retrouver son compagnon en cas de fugue et pour établir qui est le propriétaire de l'animal.

Pour les maîtres se déplaçant à l'étranger, la puce inclut l'information nécessaire pour identifier le pays d'origine.

De la taille d'un grain de riz, le "transpondeur" ou "puce électronique" est un composant enrobé de verre biocompatible, qui est glissé sous la peau par le vétérinaire, à l'aide d'une forte aiguille. Cet acte médical se réalise, selon le cas, avec ou sans anesthésie.

La lecture s'effectue à l'aide d'un appareil spécifique, promené sur le chien. Le numéro s'inscrit sur un écran à cristaux liquides. Cette vérification sera faite plusieurs fois durant la séance de confirmation, et à chaque fois que vous présenterez le chien chez un nouveau vétérinaire, et en concours de beauté ou de sport canin.

La durabilité de l'implant est supérieure à la durée de vie de l'animal. L'information qu'il contient est infalsifiable. Le numéro attribué est unique et correspond à un seul animal, sans confusion possible. Les coordonnées du détenteur sont centralisées dans le pays d'implantation, auprès d'un organisme agréé par les autorités locales.

Lorsque le chien est déplacé de manière définitive dans un autre pays, son enregistrement doit se faire à nouveau dans le pays d'accueil.

En France, cet enregistrement s'effectue auprès d'un

vétérinaire. Les déplacements courts (vacances) ne nécessitent pas de démarche spécifique.

À l'inverse, les travailleurs transfrontaliers et les voyageurs partageant leur temps entre deux pays gagnent à faire enregistrer leur animal à titre complémentaire dans le second pays fréquenté.

L'accès aux renseignements du fichier est autorisé aux vétérinaires, aux membres des forces de l'ordre, aux municipalités et gestionnaires de fourrières.

Le risque existe que le découvreur d'un animal errant n'ait pas l'idée de la présence d'un transpondeur électronique. Cet inconvénient peut aboutir à une adoption spontanée par un particulier (appropriation) ou au placement illégal auprès d'un foyer d'accueil. De tels placements illégaux, peuvent aboutir à retrait du chien.

Certains vétérinaires ne font pas systématiquement la lecture de la puce à chaque première présentation d'un animal dans leurs cabinets. Dans ce cas, il faut éviter ces professionnels, car ils ne font pas bien leur métier.

Lorsque la puce est identifiée fausse ou absente au détour d'une consultation, le vétérinaire doit en informer le détenteur qui a présenté l'animal à sa consultation. Il peut l'aider à retrouver le propriétaire légitime mais sans pouvoir le rechercher lui-même de sa propre initiative.

Les fichiers des différents pays ne sont pas interconnectés. Aussi, les voyageurs se rendant régulièrement dans un même pays étranger ont-ils intérêt à enregistrer à titre complémentaire leur animal dans le fichier de ce pays.

Nous nous avons la chance en France, que n'ont pas d'autres pays européens, de pouvoir utiliser simultanément deux systèmes d'enregistrement : le tatouage et la pose d'une puce électronique. C'est sans aucun doute le meilleur moyen de pouvoir retrouver son animal de manière rapide.

S'il faut choisir, le transpondeur est très largement préférable au tatouage.

Si vous choisissez aussi le tatouage, il faut le faire dès le

L'éducation du chien polyvalent

deuxième mois, à l'occasion du premier vaccin. Le tatouage est pratiqué par un vétérinaire ou par un tatoueur agréé par le Ministère de l'Agriculture. Ce praticien est responsable de la transmission de l'information au Fichier National Canin.

La carte d'identification du chien vous est obligatoirement remise.

Par la suite, en cas de changement adresse, de don, de vente, vous transmettez les modifications à la S.C.C. grâce à la partie détachable de la carte d'identification du chien. Celle-ci vous retournera gratuitement une nouvelle carte. C'est juste un peu long.

À l'examen de confirmation si la marche à l'allure n'est pas correcte, le juge peut également vous demander de faire procéder au contrôle des hanches par radiographie et ajournera votre chien jusqu'au retour du résultat.

L'expert-confirmateur va comparer votre Chien au standard de sa race : mesurer sa hauteur, s'assurer que les dents sont bien placées, que les couleurs des yeux et de la robe sont dans les tons souhaités, que la construction osseuse est conforme, que les testicules sont en place pour les mâles, et que le caractère est équilibré et sympathique.

Pour cet examen le juge doit pouvoir examiner les dents. Il est nécessaire d'habituer votre chien à ce que des étrangers mettent les doigts dans sa bouche.

Si vous avez acheté un " Chien sans papier ", sans doute par manque d'informations, il faut le castrer pour un mâle et la stériliser pour une femelle. Vous pouvez vous lancer dans une tentative de prouver sa race. Les exigences pour obtenir la confirmation sont très complexes.

LE BERGER ALLEMAND

Le rôle historique du Berger Allemand a été incontestablement celui de conducteur de troupeaux. C'est un chien fort, intelligent, équilibré et surtout polyvalent.

Il est heureux dès lors qu'il partage le quotidien de son maître. Le Berger Allemand a un esprit sain dans un corps sain, il est sûr de lui, réceptif, disponible en permanence, et exerce avec un talent égal les missions qui lui sont proposées ou sa fonction de chien de famille.

À la maison, l'apprentissage de la hiérarchie et du respect doit se faire dès son plus jeune âge. Il faut savoir rester ferme mais juste. Il comprend vite et ne demande qu'à apprendre. Son environnement compte beaucoup, et il doit y trouver un équilibre. Exigeant sur le plan affectif, le Berger Allemand aime qu'on le sollicite, qu'on joue, qu'on le caresse. Il apprécie d'être mis à contribution et d'avoir un rôle à jouer.

Avec les enfants de la famille il sera attentif et protecteur. Une très grande complicité pourra naître entre les enfants et le Berger Allemand, en apprenant à l'enfant dès le plus jeune âge le respect de l'animal et ses besoins. Il faudra toujours surveiller un enfant et un chien, quelle que soit la race du chien.

La vie en appartement convient au Berger Allemand à condition de le sortir souvent et de ne pas se contenter du tour du pâté de maison. Il demande des balades diversifiées et quotidiennes.

Un Berger Allemand en pavillon ne s'épanouira pas s'il reste cloisonné dans le jardin. Il a besoin de se dépenser physiquement sinon il développera des problèmes de comportements.

Il est le chien d'un seul maître, et il se montrera très protecteur et méfiant à l'égard des étrangers. Pour devenir un excellent chien de garde capable de faire preuve de discernement face aux situations qu'il rencontrera, il lui faudra une éducation précise.

Les aptitudes du Berger Allemand à l'éducation et au dressage sont particulièrement bonnes.

Le Berger Allemand demande un maître qui se comporte tel un vrai chef de meute, et qui soit inflexible et juste.

Sensible sous des dehors fiers, le Berger Allemand ne s'épanouira pas dans un climat de brutalité. Mais trop d'indulgence ne lui conviendra pas non plus. Une certaine souplesse avec un minimum de fermeté en fera un animal heureux de vivre, vigilant et consciencieux, mais également réfléchi.

Le Berger Allemand est le chien polyvalent par excellence. Je le conseille pour un premier chien.

Le Berger Allemand est très répandu et médiatique, le choix de l'élevage et des géniteurs sera crucial. Certains différencient la lignée de travail, qui serait au dos droit, et au gabarit léger, de la lignée de compagnie qui serait au dos pentue : c'est une pure divagation d'éleveurs. Je vous invite à vous fier au standard de la race.

LE DOBERMANN

À la différence des croyances populaires qui le qualifie d'agressif et de dangereux, le Dobermann est un chien aimable et doux. Il ne faut pas le mettre dans les mains d'un débutant mais d'un maître aguerri et passionné.

Il a un instinct de protection extraordinaire, qui en fait un excellent chien de garde et il défend sa famille et sa propriété contre quiconque se montre intrusif ou agressif. Il a tendance à ne pas aimer trop d'agitation autour de lui et il est dominant avec les autres chiens.

Le Dobermann a un caractère fort et jusqu'à dix-huit mois il est têtu. Il a horreur de la violence et sait se rebiffer.

C'est à son maître d'en faire un chien équilibré. Son éducation et sa socialisation sont indispensables et doivent se faire avec patience et sans brutalité. Quelques mois de persévérance et de la cohérence dans votre comportement, avec des règles clairement définies, et ce sera un merveilleux compagnon.

Il s'agit pour vous de lui faire comprendre à chaque occasion, et surtout quand il est encore petit, ce que vous autorisez et ce qui est interdit. Il ne faudra jamais, lui interdire ce que vous aviez toléré jusque-là, et ne jamais lui tolérer ce qui est interdit, il ne comprendrait pas et vous risquez de créer de sérieux conflits. Il a besoin d'un maître fiable et de règles une fois pour toutes établies.

Lorsqu'il est encore petit, en cas de désobéissance, agissez comme l'aurait fait sa mère, en le secouant par la peau du cou. Vous prenez un ton ferme et une attitude décidée pour marquer votre mécontentement par un « Non ».

L'éducation du chien polyvalent

Le Dobermann est facile à éduquer car il aime être au travail, se montre efficace, courageux et d'un caractère bien trempé. Il est très attentif à son environnement. Le Dobermann a besoin d'un maître qui l'encourage, l'entraîne, l'accompagne.

Si vous êtes novices, vous si n'aimez pas le sport canin, si vous craignez les chiens de caractère, alors ne prenez pas un Dobermann. Surtout ne pensez pas une seconde que parce qu'il se fait très bien à la vie en appartement qu'il n'aura pas besoin de sport, bien au contraire.

Le Dobermann n'est pas le meilleur gardien de territoire ou de propriété, même s'il peut accomplir cette fonction, sa vocation est la défense du maître.

Il est méfiant envers les étrangers, il doit apprendre à rester en alerte tout en restant calme et il devra être éduqué à adapter sa réponse à la situation. Comme il apprend vite, il suffit de l'entraîner.

Sa socialisation doit être prononcée c'est comme cela qu'il sera canalisé. L'éducation commence à trois mois en école du chiot et il faut le socialiser en le faisant jouer avec d'autres congénères, et dès le départ il faut le stopper dès qu'il devient dominant.

Il a horreur que son maître lui fasse la gueule, et ne lui parle plus pendant un petit moment, c'est par ce biais que vous l'éduquerez. Comme il n'aime pas les reproches qui devront toujours être justifiés, il est inutile de le réprimander après coup, il faut agir en flagrant délit, puis vous passez à autre chose.

C'est un grand sportif qui a un fort tempérament, au début vous devez le faire travailler tous les jours, mais jamais dans des conditions météo trop rigoureuses, car il ne supporte ni le froid ni le très chaud.

Le Doberman ne supporte pas la solitude, et sur ce point vous avez du travail, car un chien équilibré doit savoir rester seul. Il faut donc au tout début utilisez une technique progressive d'entraînement. Vous laissez des jouets, et de la musique – évitez la télévision à cause des voix hautes et des bruits qui peuvent effrayer le chien – même à faible volume. Pour l'habituer à la solitude, vous partez deux minutes, puis vous revenez et il ne faudra pas donner de félicitation mais vous devez accepter que le Dobermann vous fasse la fête de sa propre initiative dès que vous revenez. Vous laissez passer une heure, vous sortez de nouveau pour cinq minutes et vous augmentez la durée progressivement. Alors si le Dobermann a fait une bêtise pendant votre absence, vous devrez ignorer le fait mais aussi ignorer le chien. Si cette technique ne marche pas – et c'est exceptionnel – un autre moyen est d'utiliser un logiciel de surveillance à distance installé sur votre PC et qui utilise la caméra de l'ordinateur reliée à votre téléphone portable. Vous pouvez donner un ordre au chien à distance, lequel à votre voix réagira.

La première éducation du Doberman est de savoir rester seul, c'est la base pour qu'il prenne de la confiance et devienne équilibré.

Si vous n'êtes jamais disponible, ce n'est pas le chien à choisir. Vous pouvez partir une heure ou deux une fois qu'il y est habitué, mais toute une demi-journée ce sera de trop.

Le Dobermann peut vous apporter beaucoup de satisfactions, personnellement j'aime son allure fière et décidée, son tempérament, sa détermination, et ses capacités.

Le Dobermann est victime à tort d'une réputation de chien agressif ou dangereux. En vérité c'est un chien d'exception, calme, généreux et dévoué à son maître. Mais peut-on conduire une formule 1 sans apprentissage ?

L'éducation du chien polyvalent

LE BERGER DE PICARDIE

Très peu connu du grand public, il n'a pas évolué, comme d'autres races vers la médiatisation qui n'est qu'une illusion ; il n'est donc pas un chien à la mode, il reste le compagnon de l'amateur averti et du cynophile.

Très joyeux et joueur en famille, surtout avec les enfants, le Berger de Picardie est plutôt réservé envers les étrangers. Très fidèle à son maître, il voudrait vivre constamment à ses côtés et montre son affection de toutes les façons possible.

Il est beaucoup moins nerveux que les autres chiens de bergers. Il montre des aptitudes pour toutes les tâches de garde, et de défense.

Il peut jouer tous les rôles : de celui de berger à celui de gardien, de défense, tout en adorant être un simple chien de compagnie. Mais attention, il ne doit pas « moisir » dans un appartement car il a un grand besoin de se défouler en faisant beaucoup d'exercice physique en plein air.

Quand il est jeune il se montre parfois fantasque, quelques fois excessif, et comme il ne supporte pas une éducation autoritaire, vous devez avoir une certaine habitude de l'éducation.

Quand il est adolescent il est têtu et cabochard, et donc son éducation de base demande un maître expérimenté car il faut de la persévérance, du tact, et il faut miser sur son intelligence. Il n'est pas fragile, c'est néanmoins un sensible et vous n'en tirez rien avec de l'autorité. Il se montre d'une débordante affection en famille, parfois même trop, surtout jusqu'à ses dix-huit mois !

Adulte, il a un comportement très stable, donc une fois parfaitement socialiser et éduquer, il suffit de gérer son

L'éducation du chien polyvalent

dynamisme naturel.

Il ne faut pas vous y tromper, l'habit ne fait pas le moine, c'est un excellent chien de défense, bien que la compétition ne soit pas dans sa nature, il est un gardien vigilant et c'est son intelligence qu'il utilise dans les situations où il doit intervenir.

À trois ans il sera un chien fiable et très équilibré, à condition que vous soyez un maître calme, ferme et décidé.

C'est un chien rustique et très robuste. Son apparence très rustique est due à son poil dur et à ses sourcils hirsutes.

Sa sobriété, sa robustesse, son élégance, et l'harmonie de ses lignes en font un chien où tout est un accord parfait. Il supporte aussi bien le froid que la pluie et la boue et n'est pas gêné en saison chaude.

Grâce à son endurance le Berger de Picardie est adapté aux longues balades, aux randonnées, au canicross et à toutes les disciplines sportives d'endurance.

Il a du caractère, il fait preuve d'intelligence et d'efficacité, vous serez comblé par cette race si vous êtes un cynophile averti.

La race a un passé de paysan ou elle ne craignait ni les Renards, ni les Loups, et tous les maîtres-chiens apprécient sa stabilité de caractère et son endurance.

LE BERGER HOLLANDAIS

Souvent considéré comme un chien très intelligent le Berger Hollandais est aussi un grand sensible. Il ne faudra jamais l'oublier lors de son éducation qui est impérative. Il faudra le socialiser très tôt car sinon il aura une tendance à ne pas supporter ses congénères.

Affectueux, obéissant, intelligent, docile, vigilant, digne de confiance, courageux, le Berger Hollandais est peu exigeant et très résistant. Il est toujours attentif, actif et doté d'une vraie nature de chien de berger.

Il est très utilisé par l'armée, car il est doué en saut et en course. Malgré son apparence proche du Malinois, son comportement est plus proche du Beauceron. Il est prévisible, moins conflictuel avec son maître, et est multidisciplinaire.

Il lui faut un maître qui a le temps de le faire courir et de l'éduquer. Il exige un maître doux car c'est un chien sensible surtout à la voix et aux gestes, qui doivent suffire pour le commander.

Actif et intelligent, le Berger Hollandais doit être éduqué de manière juste, sans excès. Il ne faudra pas trop le gâter et surtout pas le punir physiquement. Il a un très grand besoin d'être canalisé, de façon à lui faire intégrer assez rapidement les règles à suivre et les limites à ne pas dépasser.

Il est très pot de colle avec ses maîtres, il aura du mal à rester seul, et il pourra se montrer agressif envers les visiteurs.

Ce sera un excellent gardien, un excellent chien de défense, et un merveilleux chien de compagnie, il saura vous attendre sagement, si vous adoptez la bonne méthode d'éducation. Sinon, vous risquez de vivre l'enfer : s'il n'est pas assez sorti, s'il n'est pas canalisé, ou s'il a été éduqué avec trop d'autorité. L'idéal est de lui proposer un sport canin.

De nature, le Berger Hollandais possède un grand sens du territoire, et il gardera non seulement ses maîtres et son terrain, mais aussi sa meute, mais encore une fois il faudra être attentif, car ses capacités latentes doivent avoir été travaillées en éducation. Sinon, très vite il pourra sur protégé son territoire et aboyer sur les passants et encore plus s'il est accompagné d'un autre chien. Le Berger Hollandais prend rapidement des initiatives face à un danger, et cela risque d'être très ennuyeux. Pour ces deux raisons, une éducation à la garde s'impose pour qu'il sache quoi faire et quand le faire.

Il sera heureux entouré de ses maîtres dans une maison. L'idéal pour lui est une vie en pavillon avec un jardin clôturé. Il faudra le sortir régulièrement.

Souvent les gens qui croisent un Berger Hollandais en ont peur : sa robe bringée, sa corpulence et sa musculature musclée, fait penser à un molosse

S'il est appelé à vivre en appartement – ce qui est à éviter - le Berger Hollandais doit impérativement être longuement promené. Le milieu de vie idéal pour ce chien est à la campagne.

L'éducation du chien polyvalent

LE CANE-CORSO

Le Cane Corso est une race de chien d'origine italienne, et pas Corse malgré son appellation, utilisée comme chien de garde et de défense, notamment dans la police Italienne.

Il est placide, assez réservé, très calme, mon expérience me fait dire qu'il est silencieux et qu'il faut lui apprendre à aboyer et à grogner pour donner l'alerte. C'est un chien au caractère stable, qui devra être éduqué car il a une tendance marquée à se monter bagarreur jusqu'à l'affrontement avec ses congénères, et il pourra même pousser son maître au défi direct.

Son calme et son équilibre sont légendaires. C'est un gardien, il est donc vigilant et méfiant. C'est un chien dissuasif mais pas aboyeur. Il sera très attaché à ses maîtres et n'hésitera pas à intervenir en cas de danger.

En famille il ne pose pas de problème à condition qu'il soit été éduqué et socialisé. Ce chien a beaucoup de caractère, il lui faudra donc un maître calme, serein et ferme sans être jamais autoritaire. Un maître laxiste se laissera rapidement déborder. Sportif, il apprécie de nombreuses disciplines : agility, obéissance, pistage sportif ou utilitaire. Il est, depuis juillet 2004, autorisé aux épreuves de mordant. Une activité canine pour le canaliser et pour partager des moments privilégiés avec son maître est à mon avis nécessaire. Il faut être très attentif à ce qu'il ne soit pas dominant, sinon ce sera l'enfer avec les autres chiens qu'il agressera.

L'éducation du chien polyvalent

LE BERGER BELGE

Le Berger Belge est fidèle, éveillé, équilibré et sociable, s'il est LOF. Il y a trop de croisements car cette race est médiatique. Il ne faudra pas le mettre dans de mauvaises mains, ce qui est souvent le cas pour la race des Malinois.

Le Tervueren, le Groenendael, le Laekenois et le Malinois ont un standard de race commun.

Le Berger Belge, est attaché à son maître au point qu'il sera très délicat qu'il change de propriétaire.

Il comprend ce qu'attend son maître d'un simple clin d'œil, d'une simple sollicitation vocale, d'un petit geste.

Le Berger Belge n'est pas dominant et il prend plaisir à jouer avec ses congénères. Pour son équilibre psychologique il sera indispensable qu'il soit socialisé dès trois mois et qu'ensuite régulièrement il fréquente d'autres chiens.

Le Berger Belge a souvent des réactions de jalousie et montre parfois de l'impatience. Il est jaloux si son maître s'occupe plus d'un autre chien, ou si son maître téléphone, ou si son maître discute avec un ami dans la rue ; il saute pour faire signe qu'il est là et qu'il faut y aller. C'est un dynamique et si vous n'êtes pas prêt pour cinq kilomètres par jour, et du travail en sport canin, il faut oublier cette race. Le dynamisme du Berger Belge est un atout qui peut devenir une contrainte et à moins d'être passionné, averti, et très sportif. À titre personnel, aujourd'hui à la retraite, j'ai deux Bergers Belges, je leur consacre mon temps, en concours de Beauté et en Ring.

Le Berger Belge est un excellent communicant, et il ne faut pas réprimer cette tendance, il suffit de la contrôler – un peu ça va et trop c'est trop – donc il suffit de lui

L'éducation du chien polyvalent

signifier que vous avez compris sa demande, et de lui avoir appris ensuite à patienter.

Parfois, l'instinct de Berger reprend le dessus, et il se met à courir en décrivant un grand cercle, et il rassemble les animaux qui sont autour. Si c'est dans une ferme ce sera les poules et aussi les moutons, et plus incroyables les vaches. Si c'est en balade, un banc de canards peut se faire surprendre et être regroupé.

Si vous laissez son instinct prendre le dessus, et qu'il se sent libre, il vous surprendra car il est un excellent pisteur, et se transforme en leveur de gibier. Vous verrez souvent le Berger Belge truffe au sol vous indiquez les endroits où est passé du gibier, et si vous l'incitez il suivra les pistes. Face à un chevreuil il piquera un sprint impressionnant, et il sera impératif de le rappeler – avec la maturité et l'éducation vous lui demanderez soit un stop, soit une garde au ferme, soit un rappel. Je vous informe qu'il est interdit de chasser avec le Berger Belge.

Le chiot Berger Belge fera quelques dégâts dès qu'il sera laissé seul, il jouera et détruira vos chaussures s'ils les trouvent, ou mordillera les télécommandes voir les pieds des meubles. Je vous conseille de le laisser progressivement seul, quelques minutes, puis un quart d'heure, puis une demi-heure, et enfin une heure, bien sûr vous félicitez en rentrant si tout, c'est bien passé.

Vers l'âge de six mois il passe une première crise d'adolescence et tente de s'affirmer, il peut faire quelques bêtises et proposer des refus d'obéir, il faudra rester neutre et ne pas insister sauf à dire « Non » et à l'ignorer. Une autre crise plus délicate arrivera vers dix-huit mois ou le Berger Belge veut se mesurer à son maître. Si son éducation est réussie et lui a permis d'être équilibré, vous n'aurez aucun problème. Quand il essaye de s'imposer, soyez patient, tenez bon sans autoritarisme excessif. Cette période est charnière, pour un le Berger Belge, si le chien n'a pas eu une bonne éducation de base, si le maître a été très autoritaire, mais aussi si le maître est effacé, ce sera compliqué. Mon conseil est de commencer son éducation dès le sevrage en concertation avec l'éleveur.

Si vous êtes un maître qui veut un chien de garde et de défense vous trouverez dans le Berger Belge un chien qui correspond pleinement, mais à une seule condition c'est qu'il ait une éducation de base parfaite et qu'il soit préparé au travail de garde. Attention c'est un chien dynamique, avec du caractère et il est foudroyant dans son intervention. Un maître novice ne lui conviendra pas.

Un Berger Belge a toutes les qualités requises, physiques et mentales, pour un être un excellent chien de garde et de défense, je vous déconseille de lui laisser l'initiative s'il n'a pas été éduqué pour.

Le chien reste un animal sauvage domestiqué par l'homme mais dont les gênes sont communs au Loup. Si le maître est absent un Berger Belge se sentira investi du rôle de protecteur, et la famille sera en totale sécurité. Notamment il sera encore plus attentif que d'habitude.

Le Berger Belge fera un excellent chien de compagnie, car une fois les codes appris il les respectera. Il adore les enfants, mais devra toujours pouvoir rejoindre son coin sans être poursuivi. Enfin un Berger Belge est un sportif, il ne faut pas le priver d'activité. En meute le dynamisme du Berger Belge est décuplé et il agit immédiatement en interaction avec l'autre ou les autres chiens.

L'éducation du chien polyvalent

L'ADOPTION

Si vous accueillez un chien adulte dans votre foyer, il devra s'habituer à sa nouvelle vie et aura tout d'abord besoin de temps pour prendre confiance. Vous ne pourrez commencer le travail qu'une fois la confiance établie.

Si votre chien est stressé après être arrivé dans son nouveau foyer, quand il se montre réservé et agité, avec des problèmes d'appétit. Il faut compter huit à dix semaines, pour que le chien ait pris de nouveaux repères. Toutefois, il se peut que vous observiez des demandes d'interaction de la part du chien. Pendant les premières semaines, il faut être très souple, sauf si le chien tente de vous dominer, alors il ne faudra pas lui céder. L'ordre « non » est strict, précis, et la désobéissance sera suivie de l'ordre « panier », puis d'un désintérêt pour le chien. Si l'affrontement se poursuit, il ne faudra pas attendre pour des leçons avec un professionnel. Je vous invite à ne pas confondre un professionnel de l'éducation et un éducateur canin en club. Un club ne sait pas faire de travail de rééducation. Un éducateur professionnel vous demandera d'interagir avec un vétérinaire comportementaliste, là aussi éviter le comportementaliste qui n'est pas vétérinaire.

Après la phase de confiance mutuelle établie, vous commencez la socialisation ou la resocialisation. Vous amènerez progressivement le chien aux contacts d'autres gens et d'autres congénères, au début c'est en laisse, si tout se passe bien le chien sera – en endroit clos – libre et autoriser à jouer. Il ne faut pas commencer l'éducation avant la phase de socialisation ou de resocialisation, c'est une erreur très grave qui aura des conséquences dramatiques.

L'éducation du chien polyvalent

La phase éducation commence avec des exercices simples et vous privilégiez les séances mixtes de concentration et d'ordre de base. Il faut proposer des exercices brefs dans une atmosphère détendue. Si le chien a malheureusement connu une méthode d'éducation basée sur la crainte, les réflexes associés vont resurgir, le chien sera stressé, il faudra stopper la séance et quand vous reprendrez le lendemain il faudra raccourcir, pour stopper juste avant l'apparition du conditionnement. Au moment où le mauvais conditionnement apparaîtra, il faudra immédiatement rassurer le chien.

Si vous observez constamment un chien adopté, il peut se sentir menacé. Il vous faudra souvent tourner la tête, et ne pas fixer le chien, ce qui sera pour lui un signe d'apaisement. Il ne faudra jamais forcer le chien.

Les longues promenades seront propices à créer un bon climat avec le chien, mais c'est en laisse, puis en longe. Il ne faudra pas vous faire avoir, car le chien pourra tenter de vous amadouer contre un peu de liberté pour aller renifler. C'est une erreur grave, il faut attendre que la rééducation soit terminée et que le rappel et l'ordre « stop » soient parfaitement intégrés.

Il est bien entendu que les positions de base sont maîtrisées avant d'apprendre le rappel. Si le chien se dirige vers vous après votre appel et ceci après une dizaine de tests lors des séances de travail en terrain clos, vous pouvez envisager de détacher la laisse en promenade. Au début, le terrain doit être dégagé pour ne pas être surpris.

Un chien peut se comporter de façon différente selon qu'il est en laisse ou non.

Enfin, les chiens à l'adoption ont souffert, de maltraitances parfois, de solitude émotionnelle obligatoirement, ils ont besoin de beaucoup de temps, mais votre patience sera récompensée car ils se montrent excellents avec leur nouveau maître, ils vous renvoient l'ascenseur, de les avoir sauvés d'un avenir très sombre.

FRANCOIS KIESGEN DE RICHTER

LES SIGNES D'APAISEMENT

Les signaux d'apaisement sont les canaux utilisés par le chien pour communiquer.

Le bâillement : est l'un des signaux d'apaisement les plus courants et les plus fréquemment utilisés par le chien. Le chien baille avant tout pour se calmer lui-même. Il s'agit donc plus d'un signe d'auto apaisement, voire de relaxation. Bâiller permet au chien de se détendre.

Le regard détourné : signale que le chien ne veut pas de confrontation. Le chien la tête, lorsque vous êtes en colère, agressif et menaçant. Si vous lui mettez de la « pression » en vous penchant au-dessus de lui pour le caresser ou si vous rendez vos sessions d'éducation trop longues ou trop difficiles, votre compagnon pourra faire un mouvement très bref avec les yeux ou la tête quand vous lui parlez, ou encore restez avec la tête tournée de côté. Attention si le chien lors d'un reproche ne prend pas cette attitude cela voudra dire qu'il vous fait face.

Se lécher les babines : est un signal utilisé fréquemment dans des situations tendues quand le chien se calme. Il sera très souvent précédé d'un autre signal d'apaisement, tel que le bâillement, détournement de tête ou sentir le sol. Attention si le chien n'enchaîne pas c'est qu'il vous fait face.

Le reniflement de la terre : cette attitude est souvent vue lors de la rencontre entre deux ou plusieurs chiens, ou à l'approche d'un congénère. Également dans les endroits bruyants ou encore devant des objets inconnus.

Uriner : Nous prenons souvent ce comportement comme un marquage alors que le chien tente d'apaiser quelqu'un ou de s'apaiser lui-même. Il ne faut pas le punir pour cela. Si ce comportement est associé à un détour. Le chien à peur. Le simple fait de prendre un ton plus enjoué fera cesser ce comportement.

Se gratter, se secouer : dans une situation qui le met mal à l'aise, ou si le chien arrive dans un endroit inconnu, ou vit une situation nouvelle, vous verrez très fréquemment un chien se secouer ou se gratter. Il est très probable qu'à l'approche d'une personne inconnue ou stressante de par sa posture physique, le chien se retourne et se gratte, ou se secoue juste après le premier contact. Cela sert à son propre apaisement ou à l'apaisement des vis-à-vis. Attention si le chien n'enchaîne pas c'est qu'il va faire face.

Marcher lentement : est un signal typique d'apaisement, le chien est mal à l'aise et cherche à vous calmer. Votre chien vient-il très lentement quand vous l'appelez ? Oui… ? Alors dépêchez-vous de changer la tonalité de votre voix. Il peut également faire cela lorsque vous l'attachez et à chaque fois que vous le rappelez. C'est une position qui indique qu'il n'aime pas quelque chose et il vous le reproche. Il n'y a aucune agressivité dans ce signal.

Se déplacer au ralenti : A pour but de calmer quelqu'un. Le chien le fait souvent en détournant le regard ou en levant la patte, avec un air mal à l'aise. L'homme interprète souvent mal cette attitude et s'énerve encore plus lorsque le chien traîne derrière lors de la marche au pied ou revient très lentement. Pourtant, plus nous allons appeler le chien de façon insistante, voire énervée ou agressive et plus il va ralentir. Il y a lieu de porter une attention toute particulière à cette attitude lors des cours d'éducation car il se peut que

L'éducation du chien polyvalent

le chien soit fatigué et vous le montre de cette manière. Il pourra arriver vers vous en faisant un (des) détour(s).

Arriver en faisant un (des) détour(s) : Si lorsqu'il est en laisse votre chien souhaite faire un détour à l'approche de quelque chose d'inquiétant pour lui - homme/animal/objet -, mais pas forcément pour vous, laissez-le faire. Les chiens ne s'approchent jamais des étrangers de face, cela est considéré comme une menace dans leur langage. Faire des détours face à un congénère ou un humain, permet au chien de montrer qu'il n'a aucune mauvaise intention envers lui. Attention de bien lire ce code, car si le chien arrive droit cela indique que le chien souhaite l'affrontement.

S'asseoir : si votre chien s'assied systématiquement lorsque vous lui demandez de vous obéir, il faut impérativement prendre un ton moins menaçant pour interrompre clairement l'agression, le stress ou la peur.

Se retourner : le chien tourne le dos à l'objet ou à la personne qui le menace pour montrer qu'il n'a aucune intention agressive, et il fait de même si le comportement de son vis-à-vis le dérange ou l'inquiète. Selon la situation, il peut également le faire pour montrer son manque d'intérêt, voire son dédain face à quelqu'un. L'humain peut facilement reproduire cette attitude en se retournant lorsqu'un chien lui saute dessus, et ainsi lui montrer que cette attitude le dérange - il faut être habitué, je vous le concède -.

Se mettre sur le dos : si le chien se roule sur le dos en exposant son ventre et sa gorge et qu'il a les oreilles couchées en arrière, la tête sur le côté, les yeux à moitié fermés, le front lisse, ainsi que la queue ramenée sur le ventre, il s'agit d'une attitude de soumission absolue.

Sternum à terre - fesses en l'air : c'est une attitude de demande de jeux.

Pour avoir une communication avec leur entourage direct, les chiens ont un langage essentiellement corporel, à travers lequel ils utilisent la posture du corps entier, les oreilles, la queue, la tête, le regard et les mimiques faciales. En additionnant et en combinant les signes avec lesdites parties de leur corps, ils vont demander un contact social, faire un appel au jeu, reconnaître un supérieur hiérarchique ou encore menacer.

Malheureusement, la plupart des maîtres interprètent souvent à tort le langage corporel du chien et le comparent aux attitudes humaines.

Le fait de pouvoir décoder correctement les messages évitera les incompréhensions.

Apprendre à comprendre le langage de votre chien entraîne des sensations nouvelles et des plaisirs insoupçonnés dans votre relation avec votre chien.

Il est très important de toujours garder à l'esprit qu'il s'agit d'une interprétation de leur langage, et qu'en aucun cas, on ne peut être convaincu de l'exactitude des déductions. L'humilité et le respect sont donc de mise, avant de tirer des conclusions trop hâtives.

Enfin sachez que le chien qui n'est pas compris utilisera son dernier recours, à savoir une réaction défensive pour se protéger (morsure). N'oubliez pas l'étiologie, le chien descend du Loup.

Les signaux d'apaisement ont pour but de diminuer et de prévenir l'agressivité, le stress et la peur. Ils permettent l'installation d'une relation de confiance, de sécurité et de compréhension mutuelle entre le chien et le maître.

LES POSTURES

La posture indique assez précisément l'état émotionnel et les intentions du chien.

Dans la posture de tranquillité, la queue est portée haut, les oreilles sont pointées vers l'avant, le port de tête est haut. Tous ces signes révèlent le chien bien psychologiquement.

Dans la posture de défi, la queue est raide et immobile, les poils de l'échine dorsale sont dressés, les oreilles sont tendues vers l'avant, la gueule est entrouverte laissant apparaître les crocs, et la position bien campée. Tous les signes indiquent que le chien a l'intention de vous soumettre ou soumettre son adversaire. Stoppez immédiatement le chien.

Dans la posture de menace craintive, la queue est basse, les oreilles sont couchées, la gueule est largement ouverte, tous les poils sont dressés. Le chien menace mais sans assurance, tous les signes indiquent la peur. Quand un chien menace de cette sorte il va assurément mordre.

Dans la posture de menace assurée, la queue est portée haut et figée, les oreilles sont vers l'avant, le regard est fixe, autant de signes qui révèlent une tentative de domination sur un rival ou sur vous.

Dans la posture de complète de soumission, la tête est basse, les oreilles sont légèrement couchées, la queue est baissée.

CHOISIR SON CHIOT

Un chiot ne s'achète pas en animalerie, et surtout pas chez un particulier non déclaré comme éleveur et qui aurait de magnifiques chiots sans LOF.

Nous allons tordre le cou une fois de plus à une idée reçue : un chien dominant cela n'existe pas. Le chien réagit à un comportement de meute, il ne sera jamais dominant ou soumis, il évoluera dans une palette de comportements en fonction du contexte et de son caractère. Un test vous aidera à anticiper le caractère du chiot, ensuite l'éducation jouera pleinement son rôle.

Un chien garde doit avoir du caractère, avoir une tendance à l'autonomie, voire à l'indépendance.

Vous devez visiter le site du club de la race. S'il y a une portée dans un élevage conventionné – qui a signé une convention avec le club de race - elle est annoncée sur le site. Et seul les élevages sérieux qui se conforment à l'orientation du club de race, sont conventionnés. Une fois repéré la portée, il faudra sur le site du club vous renseigner sur la cotation des chiens reproducteurs de l'élevage. Je vous conseille vivement de contacter le club de race et de vous abonner à la revue du club.

Vous devrez visiter l'élevage, il ne faudra pas décider avant, et surtout pas par téléphone. Vous prendrez rendez-vous pour une visite.

Lors de la première visite de l'élevage, faites confiance à votre instinct, soyez observateurs, questionnez l'éleveur.

Pour choisir votre chiot il y a le test comportemental élaboré par le psychologue William Campbell à la fin des années soixante, et qui a été créé pour prévoir les tendances comportementales des chiots soumis aux ordres

L'éducation du chien polyvalent

et à la domination (physique et sociale) de l'homme.

Son but est d'aider un acquéreur potentiel à choisir, à l'intérieur d'une portée, le sujet le plus adapté au milieu et à la famille dans lesquels il est appelé à vivre.

Le test de Campbell est très utile si l'on n'attend pas d'autres résultats que ceux prévus à l'origine par ce test : ce n'est ni un test d'intelligence ni un test d'aptitude, et l'on ne doit pas considérer qu'il va nous fournir des indications allant dans ce sens.

Le test se fait entre quarante à cinquante jours, il dure une demi-heure, dans un lieu isolé et tranquille n'offrant aucune distraction, et clos. Il doit y avoir une entrée parfaitement identifiable. Il est indispensable que ce lieu, situé à l'extérieur ou à l'intérieur, soit absolument inconnu du chiot. Le futur propriétaire du chiot doit demander à exécuter le test lui-même.

Si l'éleveur vous dit qu'il a déjà soumis la portée au test, demandez-lui gentiment l'autorisation de le refaire vous-même. S'il refuse, à vous de juger l'éleveur. Sûrement sa notoriété est surfaite. Méfiez-vous des éleveurs qui refusent.

Vous prenez vous-même le chiot que vous envisagez et vous le conduisez dans la zone choisie pour le test. Cette zone est évidemment convenue avec l'éleveur.

Vous ne devez pas parler au chiot, ni l'encourager, ni le caresser. Si le chiot fait ses besoins pendant le test, ignorez la chose et ne nettoyez l'endroit que quand le chiot sera parti.

Attraction sociale : Posez délicatement le chiot au centre de la zone de test et éloignez-vous de quelques mètres dans la direction opposée à celle de l'entrée. Accroupissez-vous ou asseyez-vous en tailleur et tapez doucement dans vos mains pour attirer le chiot, il doit vous rejoindre.

Aptitude à suivre : Partez d'un point situé à proximité du chiot et, éloignez-vous du chiot en marchant normalement. Le chiot doit vous suivre tout de suite.

Réponse à la contrainte : Accroupissez-vous, retournez

délicatement le chiot sur le dos et maintenez-le dans cette position pendant 30 secondes environ en laissant votre main sur sa poitrine. Le chien se rebelle puis se calme et vous lèche.

Dominance sociale : Baissez-vous et caressez doucement le chiot en partant de la tête et en continuant par le cou et le dos. Le chiot se retourne et vous lèche les mains.

Dominance par élévation : Prenez le chiot sous le ventre en croisant vos doigts, les paumes des mains vers le haut. Soulevez-le légèrement du sol et maintenez-le ainsi pendant 30 secondes environ. Le chiot se rebelle puis se calme et vous lèche les mains.

Le test complet est modulable, je vous ai donné les meilleures réponses possible pour un chiot à forte dominante sociable.

Certains chiots ont tendance à réagir d'une façon agressive et pourraient même mordre. Ils ne conviennent pas à une famille avec des enfants ou des personnes âgées, car ils ont trop de caractère et sont à réserver à un maître averti qui veut faire de l'activité canine.

Certains chiots ont tendance à se faire valoir, sans toutefois atteindre des excès. Ils ne sont pas recommandés dans les familles où vivent déjà des enfants en bas âge ou d'autres chiens du même sexe.

Certains chiots, sont extrêmement soumis, et devront recevoir beaucoup de douceur et de gratifications pour avoir confiance en eux et parvenir à s'adapter le mieux possible au milieu humain. Ils cohabiteront difficilement avec des enfants.

À vous de situer le chiot en fonction du test. Le chiot a répondu comme je vous l'ai indiqué, il pourra s'adapter partout : même s'il y a des enfants turbulents ou des personnes âgées. Il a un degré élevé de sociabilité.

Maintenant vous pouvez réserver votre bébé chiot. Vous poserez une option ferme et vous donnerez un acompte.

Une femelle ou un mâle ? C'est au choix. Considérez

L'éducation du chien polyvalent

qu'un mâle à plus de caractère est inexact, chaque chien est influencé par ses gènes et son environnement. Les gènes sont connus si vous prenez une lignée avec un LOF en ayant vérifié les cotations des géniteurs, et que vous avez pris le temps d'observer les parents et les frères et sœurs.

Vous viendrez voir l'évolution de la portée lors d'une deuxième visite dès que les chiots auront soixante jours. Vous pourrez vérifier que le chiot choisi est toujours équilibré, simplement en faisant quelques jeux. Soulevez-le, appelez-le, grattez-le, tous vos gestes seront d'abord un peu refusés, puis acceptés. S'il y a un problème entre les deux visites l'éleveur a rencontré une difficulté.

LES JOUETS ET LES JEUX

Un jouet que le chien apprécie va lui permette de se distraire, de rester calme, et sera un parfait outil d'éducation. Vous devrez vous assurer que l'animal peut s'en servir correctement, non pour le détruire, mais pour jouer. Au moment des dents vous donnerez des jouets spécifiques à mordiller.

Il y a deux sortes de jouets, les uns pour que le chien s'amuse tout seul, les autres pour que vous qui dirigez le jeu.

Pour que votre chien apprécie le jeu en commun, des balles avec des ficelles, des cordes a nœuds, des jouets ajourés ou vous pouvez glisser une friandise sont appropriés.

Avec une balle au bout d'une ficelle, le chien sautille pour attraper la balle, et vous changez brusquement de trajectoire pendant le jeu, vous laissez le chien s'emparer de la balle. Vous pouvez jouer en laissant la balle en gueule et en tirant dessus, mais très doucement Enfin vous lancez la balle et avec la ficelle dès que le chien à la balle vous le faites revenir avec l'ordre « donne ».

Pour développer la concentration du chien, lors du lancer de balle, vous pouvez faire semblant de lancer, et

L'éducation du chien polyvalent

observez le chien : au début il anticipe et la balle reste dans votre main, après plusieurs exercices il fixe votre main et n'anticipe plus, et c'est parfait car il fixe votre main et se concentre ensuite sur le jet de balle et la trajectoire. C'est un excellent jeu pour la concentration. Je vous recommande ce jeu car il prépare très bien le chien à la précision qui lui sera demandé en sport canin, ou il ne faudra pas anticiper mais observer et être sûr.

Il faut terminer les jeux de manière agréable, le chien doit avoir sa récompense après le retour au calme, vous pouvez utiliser l'ordre « calme ». Si vous jouez jusqu'à ce que le chien n'ait plus envie, le chien vous proposera un refus. Si vous jouez et vous laissez le chien s'exciter, il faudra crier pour stopper le jeu, le chien enregistrera que l'obéissance est liée aux cris. Vous devez rester maître de la situation.

Le fondamental est que votre chien s'amuse, apprenne en même temps, mais sans trop s'agiter. Il faut communiquer avec le chien et être observateur : sa posture vous montre s'il commence à s'énerver, de même que l'intensité avec laquelle il attrape la balle vous indique son degrés d'intérêt. Parfois votre chien devient trop brusque, il faut stopper le jeu.

Lorsque vous êtes chez vous, après le jeu, le jouet est rangé après avoir montré la cachette, ainsi le chien pourra le quand il vous proposez de jouer en se positionnant devant la cachette. Il ne faut pas accepter que le chien saute, aboie ou réclame, vous donnez l'ordre « non ».

Un deuxième exercice pour entraîner la concentration de votre chien est de proposé un jouet sous forme de corde à nœuds, au niveau de votre poitrine. Si votre chien le regarde, attendez qu'il le fixe bien, puis proposez-lui de prendre un bout et vous tirez doucement sur l'autre - attention cet exercice ne doit pas être exécuté par un chien qui n'est pas classé CBU - notamment le Staffie et le Staff - vous devrez toujours accroître la durée d'observation par l'animal. Il y a un double travail dans ce jeu : d'une part la concentration, d'autre part la tenue en gueule qui deviendra plus tard le mordant. À ce jeu le chien ne doit pas gagner à la fin. Si le chien essaye de vous mordre, le jeu de traction est immédiatement stoppé.

Il y a aussi les jeux qui développent l'intelligence, comme le jeu de la balle jaune et de la balle rouge. Vous prenez une balle jaune, et une balle rouge. Vous insérez une friandise dans la balle jaune. Vous trouverez des balles et des jouets prévus pour insérer de la nourriture. Vous posez les balles à cinquante centimètres du chien et, dès qu'il s'en approche et pousse du nez la balle jaune vous annoncez : « Balle jaune » et vous récompensez le chien. Vous devez répéter 10 fois la procédure. Ensuite vous demandez : « Balle jaune » avant que le chien ne se déplace vers les balles. Dès que le chien maîtrise le rapport de la balle jaune, vous enlevez la friandise de la balle jaune et vous mettez dans la balle rouge. Une fois l'exercice maîtrisée, vous allez travailler la discrimination. Vous placerez les deux balles avec chacune des friandises et vous demandez au chien « Balle jaune » ou « balle rouge ». S'il rapporte la bonne balle jaune, il est récompensé ; s'il rapporte la mauvaise balle il n'est pas récompensé. Vous lui donnez, bien entendu, le droit à l'erreur en disant « essaye » et vous recommencez. Il faut travailler la procédure jusqu'à ce que le chien ne se trompe plus. Ensuite, ajoutez un troisième objet, puis un quatrième, etc.

Les jeux de pistage sont excellent pour un chien poly compétent. Vous demandez au chien un « Assis » puis un « pas bouger » et vous vous éloignez en emportant sa gamelle que vous déposez à trois mètres. Ensuite, vous demandez au chien de trouver son repas en annonçant « cherche ». Une fois que le chien a pris l'habitude, vous dissimulez la gamelle mais en laissant le chien voir la cachette. Ensuite vous dissimulerez de mieux en mieux le repas, tout en restant visible, n'oubliez pas l'ordre « cherche ». Ensuite ce sera l'étape ou le chien ne vous verra plus cacher sa gamelle, et vous lui direz « cherche ».

L'éducation du chien polyvalent

Une fois que le chien joue avec plaisir à chercher sa nourriture, vous allez évidemment lui faire chercher des vêtements – secret un peu nourriture dans votre main, et un peu prés de l'objet à chercher -, puis vous supprimer la nourriture dans votre main, puis plus tard celle près de l'objet. Vous l'avez compris c'est la méthode utilisée pour les chiens de recherche (stupéfiant, personne disparue, personne recherchée…).

Le jeu est toujours à la base de la procédure de travail professionnelle. N'oubliez pas de répéter les conditionnements quotidiennement au début de l'apprentissage.

LE COMPORTEMENT

Pour être un maître averti je pense qu'il vous faut de bonnes bases en comportementalisme canin.

Nos chiens s'ennuient et souffrent d'un manque d'activité. Dormir, boire, manger, être caressé, sortir en laisse pour une petite promenade résume la vie de beaucoup de nos chiens.

Les quatre premiers mois de sa vie le chien est un chiot. Jusqu'à l'âge de six mois le chien est juvénile. À partir de six mois et jusqu'à 12 mois le chien est un jeune chien adulte. En fonction de la race cela peut aller jusqu'à 18 mois. À partir de 12 mois ou 18 mois et jusqu'à l'âge de huit ans environ le chien est adulte. À partir de huit ans c'est un vieux chien.

Le comportement de votre chien évolue pendant les différentes phases de sa vie. Les chiots sont enthousiastes, et les jeunes chiens très fougueux. Au départ de l'éducation, il y a excellents résultats, si bien que le niveau d'exigence augmente souvent trop vite et les récompenses disparaissent aussi trop vite. Attention à cette erreur. À partir de l'âge de quatre mois, les chiens gagnent en indépendance et s'affirme, le maître devra être juste et ferme sans autoritarisme. Lorsque le chien atteint la puberté il se mue souvent en intrépide, il faut continuer à le faire travailler et il faudra encore plus le féliciter à chaque étape de son éducation.

Il ne faudra jamais contraindre le chien ou le tirer vers vous, le chien il doit agir à votre demande de sa propre initiative, c'est essentiel.

La compréhension du chien se fonde sur le langage corporel de l'homme, et pas sur les mots, ce qui peut entraîner des difficultés de communication. Si vous êtes détendu, le chien le sera également. Si vous êtes irrités, voir nerveux, vous provoquerez chez le chien une réaction de doute ce qui l'empêchera de travailler et d'être à l'écoute. Il agira par peur que votre humeur soit contre lui.

Il faut éduquer un chien en utilisant pour chaque exercice (positions, rappel, stop, attaque et défense) trois signes associés : le mot (voix), un signe (main, bras) et un son (clicker, sifflet, claquement de doigts). Pour un chien la parole n'a aucun sens ; il ne reconnaît que l'intonation de la voix. Lorsque vous éduquez votre chien éviter toute ambiguïté : dites toujours son nom, puis l'ordre oral, suivi du signal visuel puis enfin du signal son.

Il faudra toujours éviter les phrases complètes : un ordre doit être court et d'une syllabe. Vous devez parler d'une voix nette et précise, sans crier. Le chien entend les ultrasons si vous montez le son il apprendra à ne réagir que sur une vocalise trop haute, et vous perdrez un exercice qui est essentiel : le travail en état d'urgence ou l'entraînement est basé sur le cri.

Dans le travail de garde et de défense si votre voix trahit un doute, ou si vous êtes un « aboyeur », vous n'obtiendriez que de piètres résultats.

Le fait d'associer un mot, un signe, et un son qui correspondent à un ordre sera de nature à éviter les confusions, et permettra d'avoir d'excellents résultats en garde et en défense.

Le seul inconvénient est d'avoir sur vous le clicker, ou le sifflet. Sachez qu'ils ne sont pas utilisables en compétition de RCI ou de Ring. L'association en compétition se fait sur mots et gestes. C'est seulement au quotidien que vous rajoutez le son. En utilisation professionnel – armée, gendarmerie, corps cynophile constitué – les trois signaux sont toujours utilisés, ainsi que des codes de nuits pour le chien quand il est équipé de lunettes infrarouges spécifiques.

Génétiquement, instinctivement, un chien est programmé pour l'action. L'inaction le conduit souvent à avoir des problèmes de comportement et des troubles

L'éducation du chien polyvalent

psychosomatiques. Ne pas répondre aux besoins de votre chien est une forme de maltraitance passive.

Nos chiens vivent des émotions, et ont des sentiments. Nous ne pouvons pas savoir exactement ce que ressent notre chien, mais nous pouvons l'appréhender, si le rapport que nous avons établi avec notre chien est de confiance et de connivence. En observant notre chien nous pourrons apprendre, tester puis anticiper. Il n'y a rien de mystérieux, c'est simplement de l'observation.

Le modèle hiérarchique est le modèle le plus répandu et le plus utilisé. Chaque comportement du chien est disséqué et interprété en termes de pouvoir et d'autorité. On parle de de chien soumis. Trop de dresseurs canins ont pour mot d'ordre de casser le caractère du chien. Vous voulez un chien, calme et équilibré, alors il faudra oublier la méthode forte. Pour votre chien n'utilisez pas cette méthode, vous allez trop perdre en annihilant la capacité innée du chien à l'anticipation, et il deviendra une machine.

Parfois les perfides, pour ne pas s'avouer qu'ils sont violents et cruels, nomment l'éducation hiérarchique « débourrer un chien ». C'est malsain.

Les professionnels qui travaillent avec des chiens d'utilisation comme la Police, l'Armée ou la Sécurité Civile, sont le bon exemple. C'est leurs méthodes que je vous transmets. Je vous invite à assister à un Challenge Inter Unité Cynophile comme celui qui se déroule à Blois si vous en êtes en France, vous comprendrez que le modèle hiérarchique est obsolète et proscrit.

Le chien respecte notre autorité pour que nous assurions sa sécurité et son alimentation. Et pourtant nous entendons encore « Mon chien est dominant car il obéit mal ! », « Mon chien obéit à mon mari, évidemment il crie plus que moi ! » « Je suis tombé sur une lignée de travail… je n'y arrive pas ! ». Les balivernes de ce genre ne manquent pas. Non pas qu'elles soient fausses, mais la cause n'est pas le chien, mais le maître.

Il y a bien entendu une majorité de maîtres qui ont une

bonne communication avec leur chien : ne généralisons pas. Seulement les refuges sont remplis de chiens abandonnés.

Il ne faut pas essayer de guérir un chien de l'une des deux maladies du maître : l'autoritarisme ou la faiblesse.

Des chiens qui ont tous les droits, comme s'ils s'agissaient de princes développent des problèmes de comportement liés aux manques de repères et aux manques de limites.

Il y a une méthode simple et efficace pour communiquer avec son chien. C'est par la connaissance que tout commence, par la pratique qu'il faut poursuivre, et c'est l'entraînement qui forge l'expérience.

Les comportements chaotiques et psychotiques, sont essentiellement liés à ces deux modes de communication avec le chien : autoritarisme et laisser faire.

Les comportementalistes, parlent d' « Hyper » pour un chien qui tend vers l'hyperactivité et qui est agressif par crainte, et d' « Hypo », pour un chien timide, peureux, qui refuse l'activité. Évidemment il s'agit de tendance, et il faut observer les modulations.

Le Chien est particulièrement ritualisé dans son comportement du quotidien, il est souvent « réglé comme du papier à musique » pour réagir à notre emploi du temps qui dicte le sien, mais aussi à tout enseignement.

C'est d'ailleurs dans la « routine » que le Chien se sent le mieux : ce sont les rituels appris, et le prévisible, qui le rassure.

Au rythme de nos allées et venues, de l'éducation à nos attentes, le chien se fabrique un catalogue de comportements, qui est organisé autour de nos activités humaines, professionnelles ou autres.

Le changement d'habitude doit se gérer, et il faudra préparer le chien progressivement, et toujours être plus proche du chien dans ce moment-là.

Les situations ou le chien est en stress amènent des comportements en réponse qui sont souvent la

L'éducation du chien polyvalent

destruction, et l'agressivité. Plus rarement le Chien développera des névroses et des pathologies psychosomatiques.

L'ARRIVÉE DU CHIOT

Avant de prendre en charge votre chiot, vous avez réglé les dernières formalités, et vous avez été particulièrement attentifs aux vaccinations. Vous avez un carnet de santé, un livret des origines familiales, et une facture.

Pour votre voyage, sachez que le chiot est un être fragile qui va pour la première fois vivre ce qui est pour lui un drame. Alors soyez compréhensifs envers votre chiot.

Vous ferez une halte par heure. Vous avez de l'eau, une gamelle, du papier absorbant, deux serviettes, et une vieille chemise à vous.

Pourquoi vous demandez-vous ? Eh bien la chemise va beaucoup servir plus tard car elle sera imprégnée de votre odeur, et deviendra une ancre pour le chien.

Lorsque le chiot entre à la maison, il faut qu'il trouve un coin prêt pour lui. Il aura un panier avec un tapis moelleux. S'il vous plaît éviter l'osier car le chiot va déchiqueter et engloutir des morceaux. Vous aurez prévu deux écuelles si possible en acier et des jouets. Il devra y avoir deux types de jouets, pour s'amuser, et pour travailler.

L'éducation du chien polyvalent

Ne donnez pas de jouets en mousse ou en plastique que le chiot va détruire et dont il avalera des morceaux. Je préconise une balle ronde, une balle ovale et une barre en élastomère. Je ne suis pas sponsorisé, alors je m'autorise à vous conseiller la marque Kong qui est à mon sens la plus résistante et qui est ajourée pour mettre des friandises dans les jouets. Je renouvelle peu les jouets de mes quatre chiens en privilégiant la résistance.

Le poids des chiens pèsera à terme sur leurs articulations non protégées par du poil, et cela engendrera des calcites aux coudes des pattes. Offrez à votre chiot un coussin de panier très confortable et si possible avec une housse lavable.

Il ne faudra pas donner de suite ses jouets au chiot. Vous devrez attendre au minimum trois jours avant de jouer avec lui. Ensuite vous pourrez en laisser à la disposition du chiot.

Les jouets de travail vous les garderez pour l'apprentissage avec le chiot. Cette procédure est la base de l'éducation du chien.

Le chiot en arrivant va devoir s'habituer à son chez lui et à sa nouvelle famille. Soyez patients, laissez le chiot prendre ses marques. Vous devrez attendre que votre chiot soit en sécurité et se sente protégé avant de le solliciter.

À son arrivée, vous allez d'abord continuer les câlins. Puis doucement à son grès laisser le chiot explorer sa nouvelle maison. À ce moment-là, il y aura peut-être un besoin urgent. Faite comme si de rien n'était. S'il vous plaît ne montrez pas au chien que vous nettoyez, ne marquez pas le moment des besoins sinon vous augmenterez le temps que le chiot mettra à être propre.

Si vous avez un jardin, vous pourrez anticiper le moment du besoin urgent. Votre chiot sera très vite propre.

Le chiot fourrera son museau partout, laissez-le faire pour qu'il puisse se familiariser avec son milieu. Comme il va à un moment faire une bêtise, votre première leçon d'éducation va commencer.

Vous devez savoir dire « non » et de façon sèche mais pas en élevant la voix. C'est très important.

Ne vous inquiétez pas, si vous devez répéter. Pendant les deux premières semaines, c'est juste un « non » que vous répéterez autant de fois que nécessaire. Surtout il ne doit pas y avoir de punition.

Ne vous précipitez pas au moindre gémissement du chien, sous peine d'en faire un mauvais comportement.

Le chien vit sa vie, vous vivez la vôtre. Il y a un moment pour le jeu, un moment pour l'éducation, un moment pour le repas, des moments pour courir et d'autres pour se reposer. Ce n'est pas le chien qui décide.

Éviter l'accident en apprenant à bien soulever le chiot, mettez une main sur la poitrine, mettez l'autre main sous les fesses.

Après une semaine vous ne direz « non» que deux fois. Si le chien continue, vous n'insisterez pas. Vous changerez de stratégie. Vous allez associer l'ordre « non » à un bruit. J'ai choisi la bouteille d'eau en plastique vide que j'ai remplie de petits cailloux et que j'ai bien bouchonnée. Vous lancerez la bouteille à vingt degrés à droite ou à gauche du chien en donnant sèchement l'ordre « non ». S'il vous plaît ce n'est pas un jouet mais un outil d'éducation, alors ne donnez pas la bouteille au chiot. Je dis à droite ou à gauche et suffisamment loin de lui au moins à vingt degrés sur sa gauche ou sa droite. C'est juste fait pour détourner son attention. L'erreur sera de toucher le chien avec la bouteille car vous le rendrez peureux.

Le chiot devra rester une semaine dans sa maison avec sa famille. Il ne devra pas rester seul car il serait désorienté et stressé. Et malheureusement votre chiot répondra à sa façon à son déséquilibre.

Après une semaine, sortez et laissez le chien seul chez vous cinq minutes puis revenez. Félicitez-le, il est resté tranquille, il sera content de vous revoir. S'il a fait un besoin, ou une bêtise, faite comme si de rien n'était. Vous

L'éducation du chien polyvalent

pourrez diminuer le temps, et mettre trois minutes. En général nous commençons par cinq minutes, puis dix minutes, faites-le tous les jours, et augmentez la durée. Le chien n'a pas la notion du temps, mais il a peur de l'abandon. Alors transformez la notion d'abandon en attente positive.

Plus tard, vous allez confier votre maison à votre chien. Alors ne Loupez pas l'éducation de base.

Je vous résume ma méthode pour le chiot : l'ancrage et le renforcement positif. Rien d'autre.

Quand on désire un peu de tranquillité à la maison, on peut utiliser un enclos pour chiot. Le chien doit avoir un repère, c'est son panier. Il doit de lui-même s'habituer à s'y rendre. C'est son coin, vous n'avez pas le droit d'y aller. Vous pouvez aussi avoir une cage de transport métallique.

Pour amener le chien à utiliser son panier puis à accepter sa cage de transport, il faut y placer au début un os à mâcher, de la panse à mordiller, des oreilles à lécher, et son jouet préféré mais surtout sous le coussin la chemise qui a été utilisée pour l'arrivée du chien et qui porte votre odeur.

Ne l'oubliez pas l'ancrage olfactif est une façon de rassurer le chien. Vous voulez l'habituer à rester seul un moment dans la voiture, à l'hôtel, chez des proches, chez des amis, il faudra utiliser l'ancrage olfactif pour que le chien reste serein. Bien entendu l'apprentissage est obligatoire. Donc apprenez au chien, puis répétez.

Prenez votre temps, le chien apprend très vite, mais ce n'est pas un robot et parfois il fait son caractère. Dans ce dernier cas restez gagnants en n'insistant pas.

Le chiot ne devra jamais être dérangé lorsqu'il se trouvera dans son panier ou son coin. Le chiot doit avoir à boire en permanence. Lorsque je me déplace je pense à amener de l'eau pour le chien. Un chien boit beaucoup, et de l'eau saine et propre.

Le chiot mange à heure fixe une ration prévue et si possible une alimentation de qualité. Il a 20 minutes, puis vous enlevez la gamelle.

Pour les friandises, vous devez comprendre qu'elles sont nécessaires à l'éducation du chiot et plus tard du chien. Je me répète il faut travailler en renforcement positif. Donc la récompense est un outil d'éducation. Seulement la récompense est calorique. J'utilise du cœur de bœuf qui est une friandise sans gluten, sans sucre, sans sel, encore une fois je ne suis pas sponsorisé, vous trouverez cette friandise chez Albert le chien.

Il est important de commencer très jeune à habituer votre chiot aux soins quotidiens : oreilles, yeux et brossage au minimun.

On peut croire que votre chiot est équipé de piles longue durée, mais il a besoin de beaucoup de repos pour grandir. Plus votre chiot est grand, plus il est enclin à des problèmes d'articulation, et les jeunes chiens peuvent développer des problèmes graves s'ils font trop d'exercice.

Attention aux exercices violents, aux escaliers, aux courses rapides, aux randonnées trop longues, trop d'exercices peuvent nuire à sa santé.

Le chiot ne doit pas dépasser ses propres limites. Vous devez être très prudents pendant sa croissance car il développe son ossature et trop d'exercices peuvent engendrer des accidents. Limitez vos balades à 5 minutes au début et augmentez progressivement. Ne pas dépasser 30 minutes par séance jusqu'à 8 mois (la croissance rapide se produit entre 2 et 8 mois). Ensuite, continuez très graduellement jusqu'à ses 2 ans.

C'est important de ne pas confondre vitesse et précipitation, dans l'éducation de votre chien.

Les chiots adorent jouer, mais ont besoin de beaucoup de siestes entre les jeux et les repas.

Ne faites pas jouer votre chiot immédiatement après les repas il risque une torsion d'estomac qui est mortelle si elle n'est pas soignée immédiatement.

LA PROPRETÉ DU CHIOT

Pour votre chiot, la propreté signifie naturellement de ne pas faire sur les lieux de couchage et de nourriture. Le chiot doit donc comprendre la propreté autrement.

Pour faciliter l'apprentissage vous devez respecter quelques règles.

Distribuez la nourriture à heure fixe si possible pas le soir.

Laissez manger le chien seul au calme et lui retirer sa gamelle vingt minutes après la lui avoir donnée. Qu'elle soit vide ou pas.

Toujours laisser de l'eau propre disponible.

Sachant que le chiot se soulage après l'ingestion de nourriture, sortez-le quinze minutes après avoir mangé, mais ne le faites pas courir.

Un chiot dort beaucoup, il va donc se reposer de nombreuses heures et souhaite se soulager presque automatiquement à son réveil. Sortez-le juste après le repos.

Un chiot de 8 semaines ne peut pas se retenir plus d'une heure ou 2 dans la journée, 3 ou 4 heures la nuit, donc soyez patients. Vous pouvez compter les heures et sortir le chien. Je vous assure que cela fonctionne très bien, si vous sortez le chien après les repas, après les siestes, après les séances de jeux, le soir avant le coucher et le matin dès le jour et les premiers bruits. Le chiot va vite comprendre, et viendra vous alerter si il y a une urgence « pipi ».

Il ne faudra pas attendre du chiot une réelle capacité à se retenir plusieurs heures avant l'âge de 6 mois.

Vous devez sortir le chien trois fois par jour au minimum.

Le chiot parfois va naturellement se soulager dans la maison, surtout ne le punissez pas. Il ne faut pas ancrer ce mauvais comportement. Faite comme si de rien n'était.

Il est conseillé de sortir le chiot avant ses 3 mois. Le risque infectieux est minime. Par contre pour son éducation c'est génial. Il deviendra plus vite équilibré et capable de faire ses besoins en laisse où que vous alliez.

Et même si votre chiot dispose d'un jardin, cela ne dispense surtout pas de le sortir dans la campagne.

Enfin pas de fixation sur la propreté, elle viendra entre six et huit mois.

Tordons une fois de plus le cou à une idée répandue : on ne met pas le museau du chien dans sa merde ! c'est insensé. Vous n'aurez jamais un chien équilibré avec ce genre de méthode. À l'inverse le chien finira par devenir craintif, car la punition l'attend à tout bout de champ.

LA SOCIALISATION DU CHIOT

À partir de sa huitième semaine, le chiot peut de manière légale quitter l'endroit où il est né.

Il va falloir qu'il découvre sa nouvelle « maison » et poursuive l'apprentissage de la vie, de ce qui l'attend dans les mois et années à venir.

Des expériences nouvelles sont indispensables aux chiots pour acquérir un équilibre comportemental satisfaisant à l'âge adulte, cette confrontation avec le monde qui l'entoure doit se réaliser dans de bonnes conditions avec une absence totale d'éléments anxiogènes.

Le chiot a grandi aux côtés de sa mère qui s'est occupée de lui inculquer quelques règles. Dans le meilleur des cas, il était aussi entouré de frères et sœurs avec lesquelles il a pu échanger, jouer et apprendre aussi le partage. S'il a vécu à la campagne et qu'il se retrouve en ville – ou inversement – cela constitue un premier grand changement dans sa vie.

De nouveaux bruits, puis un nouvel environnement, les premiers jours, cela fait beaucoup d'un seul coup ! C'est pour cela qu'il convient de l'accueillir avec calme et sérénité.

Le chiot doit une semaine après son arrivée être manipulé régulièrement mais précautionneusement, et confronté en douceur et de manière progressive aux différents bruits de la vie courante, il sera plus rapidement à l'aise.

Ensuite, il devra être confronté aux bruits, de la télévision, de la radio, de l'aspirateur, du balai que l'on passe non loin de son museau, aux voisins dans l'escalier ou le jardin, aux visites d'amis.

Le chien vacciné, vous devez sortir le plus possible sans

L'éducation du chien polyvalent

craindre pour sa santé. C'est essentiel.

Apprenez-lui progressivement à s'habituer à tous les bruits, à tous les lieux. Ces petites incursions alors qu'il est tout jeune lui éviteront de nombreux problèmes plus tard dans sa vie. Et surtout, surtout faites-lui croiser des gens. Arrêtez-vous, serrer des mains et habituez-le aux enfants de la rue qui veulent le complimenter.

Tordons le cou encore à une idée reçue, le chien ne devrait jamais être caressé par des étrangers, pour préserver son instinct de garde. Pas de chance c'est exactement l'inverse. Il faut le socialiser sinon ce ne sera pas un chien de garde qui sait analyser un danger mais un lion en cage prêt à bondir sur tout ce qui passe à sa portée.

Les chiots devraient être présentés à des enfants de tous les âges, s'il n'y en a pas dans la maison, trouvez-en. Par contre, il doit toujours y avoir un adulte qui supervise lorsque les enfants sont avec le chiot de manière à ce que les jeux ne deviennent pas trop houleux et que le chiot ait une expérience positive.

Éduquer le chiot en l'habituant aux autres chiens est essentiel. Une des meilleures manières d'apprendre les bonnes manières canines est de permettre à votre chiot de rencontrer des chiens adultes. Les chiens adultes font attention aux chiots, c'est leur nature. Si en jouant le chiot fait mal à l'adulte, le gros chien trouvera une manière d'arrêter le petit, soit avec un grondement soit avec un aboiement.

Apprenez à votre chiot à accepter d'être manipulé par d'autres que vous dès son plus jeune âge. Demandez à vos amis de procéder doucement à l'examen des oreilles, des yeux, de la queue, des gencives et des dents de votre chiot.

Donnez une petite récompense au chiot pour avoir permis ceci. Par contre la récompense ce n'est que vous. Essayez de vous souvenir de cette règle. Ne permettez à personne de nourrir votre chien, c'est la base de l'éducation au refus d'appât. De cette manière, les chiots apprendront qu'être manipulés par tout un tas de gens est une expérience agréable et manger ce n'est que sur indication du maître. Pour les obligations de pension, il faudra que le chien soit présenté à l'accueillant et progressivement immergé (une heure en pension, puis deux…), ne mettez pas le chien en pension avant son éducation complète c'est-à-dire dix-huit mois. Si vous utilisez votre chien en garde, évitez la pension et préférez confier le chien à des proches connus du chien et avertis. Je sais, faire garder son chien est une contrainte, pensez-y avant et choisissez une personne de confiance et averti. Les traumatismes psychologiques liés au sentiment d'abandon existent dans ce cas, alors éviter absolument l'autoritarisme d'un inconnu ou pire de la violence. La solution c'est un ami connu du chien, avec qui vous préparerez la transition progressivement, voilà c'est ce que je fais.

Plus il aura de contacts avec divers milieux et différentes personnes, moins votre chien sera craintif et plus il aura confiance en lui. N'arrêtez jamais de le socialiser, car à la phase d'adolescence (vers 8 mois), votre chien aura tendance à devenir craintif et à oublier tous ses acquis s'il n'a pas été assez en contact avec différentes choses et situations.

RÈGLES POUR L'ÉDUCATION

Mon chien écoute !

Quel maître n'a pas cet objectif ?

Avec son chien, le maître doit adapter son code de communication : il ne s'agit pas d'expliquer au chien ce qu'il doit faire pour qu'il le fasse. Il faut associer, un mot, un geste, un signal précis à un comportement défini et reproduire cette association dans les situations les plus variées et les plus complexes, tout en canalisant les distractions du chien.

La base est de garder à l'esprit que même un chien bien éduqué ne répond à un ordre que s'il en a envie ! La plupart des chiens seront désobéissants face à une odeur qui les intéresse, la présence d'un congénère, la présence d'un autre animal, la présence d'une femelle en chasse pour un mâle. Il faut rechercher les situations ou le chien à une tendance à refuser d'écouter, pour l'exposer et travailler calmement et patiemment.

Les punitions doivent toujours être proscrites, si vous utilisez la manière autoritaire le chien n'osera plus être lui-même et il ne sera pas équilibré, il développera des comportements psychotiques liés au refoulement et au stress.

Une bonne éducation c'est le chien qui réalise de lui-même l'action désirée, de manière fiable et reproductible, dans le plus de situations diverses et complexes possibles. Attention les cent pour cent n'existent pas, le chien n'est pas un robot.

Le premier principe est de savoir que le chien ne vous écoute que s'il n'est pas distrait, il faut donc l'habituer lorsqu'il est distrait à ce que vous soyez plus intéressant pour lui que l'objet de sa distraction, et ce n'est pas une fatalité que les distractions ne puissent pas être surmontées.

Le besoin du chien de communiquer avec son maître doit être impérativement cultivé et encourager. Il est essentiel qu'un chien est confiance dans son maître afin de se comporter de manière prévisible, détendue et amicale. Les sautes d'humeur, les cris, les mesures punitives et la modification constante des méthodes d'éducation notamment l'éducation avec plusieurs personnes à la maison, vont désorienter l'animal. Le maître interprète souvent comme une marque d'entêtement quand le chien tourne la tête et de cherche à s'extraire d'une situation, et le maître finit par perdre patience. Le chien observe son maître qui perd patience, et intensifie de plus belle ses tentatives de communication et d'apaisement. Le chien prend alors ses distances et tente encore plus d'échapper à la situation. Mais son maître y voit encore un signe d'insoumission et s'énerve. Le chien est stressé et la situation risque de s'aggraver. L'ennemi du maître est le stress de vouloir aller trop vite. Après tout, pour nous aussi, l'apprentissage de nouvelles notions est difficile, si un éducateur nous stresse, nous entrons en résistance, plus ou moins directement. Chez le chien, ce phénomène lié au stress fonctionne de la même manière que chez l'homme.

Pour inculquer les bonnes bases éducatives il faut commencer avec le chiot dès trois mois, en respectant une procédure qui est d'abord l'apprentissage toujours sous forme de jeu, puis la répétition, ensuite l'association, puis

L'éducation du chien polyvalent

l'intégration aux comportements quotidien. Vous apprécierez alors pleinement les résultats vers les dix-huit mois du chien. Bien entendu lorsqu'il est chiot pour les exercices demandant beaucoup de concentration il faut avancer très doucement, dans tous les cas à la moindre fatigue, ou si le chien fait signe qu'il en a marre, vous devez stopper, il faudra vous arranger que ce soit sur une réponse positive.

Pour débuter son éducation, vous commencerez par intégrer de petits exercices dans son quotidien. Il faut commencer par le « assis », et l'intégrer comme ordre de base avant de manger, de sortir, d'aller se reposer, de monter dans la voiture. Lorsque votre chiot aura acquis les bases du premier ordre le « assis », vous pourrez passer au suivant qui est le « coucher », puis à l'ordre suivant qui est le « debout ». Vous constaterez alors que l'éducation est synonyme de nombreux moments agréables, tant pour vous que pour votre compagnon, car elle est intégrée au quotidien. C'est le secret de la réussite, passer de l'apprentissage par le jeu, à l'intégration de l'apprentissage au quotidien. Pour le chiot la notion de travail n'existe pas, par contre il est très sensible au conditionnement et il faudra être attentif à répéter l'apprentissage au quotidien dans le maximum de situations différentes possibles.

Il ne faut jamais toucher le chien pour le contraindre. Ce n'est pas une question de taille ou de poids mais de caractère. Un chien peut mal interpréter une action ou un ordre, où être un jour mal luné. J'entends par toucher, vouloir imposer à un chien une position. Évidemment vous pouvez le caresser, l'embrassez, mais pas le forcez à prendre une position. Ni vous, ni personne.

Le niveau d'exigence de l'éducation doit être progressif, pour ne pas être une source de frustration, pour le chien. Apprendre en une séance les premiers ordres de bases « assis », « coucher », « debout », est une faute professionnelle. Le chien pourra même décider d'abandonner la partie et vous aurez peut-être l'impression qu'il ne veut plus rien faire. Vous devez simplifier les étapes de son éducation et lui faire apprendre ordre par ordre, puis associer l'ordre au quotidien, et vous ne passez à l'ordre suivant que si le précédent est assimilé dans le quotidien. Alors vous aurez de bons résultats. La répétition au quotidien servira au chien à intégrer que ce n'est pas un exercice mais une règle de vie, vous récompenserez régulièrement puis seulement lorsque ce sera parfait. Pour ancrer un ordre acquis, il faut au début apprendre sans la présence d'élément pouvant détourner l'attention du chien, puis au fur et à mesure intégrer l'acquis à toutes les situations, attention néanmoins de ne pas exposer le chien trop tôt aux situations trop extrêmes.

Nous n'utiliserons pas de collier électronique qui est réservé à une éducation ciblée à partir de 18 mois par un éducateur breveté. Le collier étrangleur est inutile, l'apprentissage de la marche au pied est facilement acquis par un chien, si vous ne commettez pas l'erreur du débutant, qui est d'ancrer de mauvaises pratiques en ne corrigeant pas le chien lors d'un écart. Vous ne corrigez pas un chien qui tire sur la laisse avec un collier étrangleur, c'est juste malsain et violent, vous devez dire « non », et vous stoppez, attendre et reprendre à partir de la bonne position.

Il ne faut pas crier. Le chien perçoit les ultrasons, donc il vous entend même si vous parlez à voix basse. Surtout la modulation de voix est un outil pédagogique. Vous devez vous forcer à parler normalement. Dans l'extrême urgence nous utiliserons un ordre crié et ce sera l'objet d'une éducation.

Si vous gâchez toutes vos munitions maintenant vous serez désarmés en cas de besoin extrême. Alors je vous conseille de parler bas, de répéter en montant un peu le ton et pas plus. Évidemment le chien peut très bien ne pas obéir, voir se rebeller, mais nous avons d'autres tactiques, plus vous avez de cordes à votre arc mieux c'est, donc la voix ne suffit pas, alors vous allez faire la tête et détourner

L'éducation du chien polyvalent

le regard. Je ne t'aime plus et je ne m'occupe plus de toi. Rappelez-vous je sanctionne sur l'action par un comportement proportionné et je lève la punition. Certains se disent que ce n'est pas possible, qu'il faut crier, punir en enfermant, mettre une sacrée raclée, le chien crie la caravane passe, et à l'occasion vous comprendrez ce que veut dire le mot vengeance.

Le chiot et le chien sont deux réalités différentes, et nous devons parler d'apprentissage pour le chiot et d'éducation pour le chien. Bannissez le mot dressage. Vous a-t-on dressés quand vous étiez enfants ?

Il faut souligner que la construction mentale d'un jeune chien est comme une éponge prête à absorber des millions d'informations qui seraient difficilement reçues par un chien adulte.

Respectez cette règle pour le chiot : il faut travailler souvent mais pas longtemps. Surtout le travail pour le chiot est basé sur le jeu et le plaisir.

Le chien doit savoir d'instinct qui commande, à qui il peut se fier, qui il peut suivre et avec qui il peut tout simplement jouer. Il est préférable pour le socialiser de passer par un club, ainsi le chien partagera avec d'autres chiens et vous avec d'autres maîtres ou maîtresses.

Le travail d'éducation doit être de nature physique et intellectuelle. Personnellement je considère qu'il doit être d'abord intellectuel. Un chien peut apprendre jusqu'à cent cinquante comportements. Je ne dis pas mot, car cela ne veut rien dire, c'est bien le comportement associé au mot qui est important.

Les gestes pour éduquer son chiot ne doivent pas être brusques, pour ne pas prêter à confusion et ne pas faire peur au chiot. Pas de cri, ne pas contraindre le chiot en le touchant, et pas de grands gestes.

Un mot doit induire un comportement pour le chien. Il faut faire apprendre, faire répéter, puis faire associer le comportement à une attitude globale au quotidien. Il s'agit de trois phases différentes.

FRANCOIS KIESGEN DE RICHTER

LA RÉCOMPENSE

Il est d'usage de récompenser un chien mais il ne faut pas vous transformer en donneur de croquettes. Ce n'est pas parce que l'on souhaite féliciter et récompenser son chien que cela signifie forcément que le chien aura une friandise à manger.

Votre objectif sera que la félicitation et la caresse, soient aussi des récompenses.

À l'intérieur, parfois le chien préférera sortir avec vous, plutôt qu'une félicitation, ou qu'une caresse.

À l'extérieur, le chien est actif et cherche plus à rester dehors un peu plus longtemps et à humer les odeurs, plutôt que d'être récompenser par une caresse.

A un stade pointu d'éducation en RCI, en Ring, en préparation au TATD, au Brevet d'Obéissance, le chien est souvent fier d'avoir réalisé l'exercice attendu, et il attendra d'être félicité, par « super, tu es un as, mon chien, bravo champion ».

Chez les chiens dressés à la méthode « Brutus », c'est-à-dire autoritairement, des félicitations signifient qu'il n'y aura pas de punition. Pour le chien, c'est naturellement un mieux car il ne sera pas puni, sa crainte est levée. Seulement le chien agit sous contrainte et un jour ou l'autre cela « cassera ».

Les félicitations renforceront votre relation avec votre chien, elles seront cryptées comme une émotion positive. Votre chien recherchera la félicitation pour l'émotion positive qu'il en retire. Cependant, veiller à ce que l'animal ne devienne jamais fougueux et trop emballé par la félicitation, il faudra le tempérer par un « calme ». Il ne sera pas frustré pour autant, il profitera de la récompense, le recherchera comme émotion positive, mais ne s'excitera pas.

Le chien ne peut faire le rapprochement avec l'action souhaitée que si vous le récompensez environ une seconde après. Il faut utiliser avec subtilités la récompense pour toujours faire progresser le chien, trop souvent il régresse, plus du tout il est frustré.

Si le chien se met à sauter ou à vous bousculer, au moment de la récompense. Il ne faut ni parler, ni bouger au début, et attendre qu'il soit les quatre pattes au sol, puis dire « calme », et vous donnez la récompense.

En matière de récompense, il ne faudra pas la donner dès si le chien manifeste véritablement trop de fougue. Cette situation deviendra un thème de travail spécifique.

L'éducation du chien polyvalent

L'ÉDUCATION DE BASE

Pour l'éducation de base vous avez maintenant tous les outils en mains. C'est en forgeant que l'on devient forgeron. Cent fois sur le métier remettez votre ouvrage.

Marche aux pieds avec la laisse

Vous est-il déjà arrivé de suivre une personne plus lente que vous ? C'est fatigant. Le chien se déplace plus vite que nous, il faut une allure adaptée sans que le chien vous impose son allure, et si vous avez des difficultés de marche il faut une race de chien calme.

Quand un chien tire sur sa laisse, il ne faut pas céder, il faut ramener le chien au pied.

Si votre chien insiste arrêtez-vous, puis attendez. Il va céder à un moment. Lorsque l'excitation est maximale et que vous ne pouvez plus retenir le chien, dans ce cas et uniquement au début, vous donnez rapidement un peu de mou à la laisse et vous tendez la laisse d'un très léger coup sec. Le mieux est d'éviter les situation ou le chien est au maximum d'excitation lors de l'apprentissage de la marche en laisse. Vous devez anticiper, d'autant plus que c'est un chiot, un bout de chou de trois mois.

Il ne faut pas bloquer le chien avec sa jambe pour l'obliger à être à bonne hauteur. Lorsque vous restez sur place, vous devez patienter jusqu'à ce que votre chien abandonne la partie, et vous changerez de direction plusieurs fois. Le chiot sera un peu déboussolé, continuer calmement à marcher dans la direction choisie et au rythme normal que vous avez choisi.

Dans les cas délicats ou vous devez tirer sur la laisse, pour ne pas faire mal ne tirer pas brutalement sur la laisse. Il faut donner du mou et reprendre d'un coup sec mais

L'éducation du chien polyvalent

surtout pas brutalement et associez l'ordre « au pied » en claquant des doigts, pour l'instant le chiot ne comprend pas, mais au fur et à mesure il assimilera qu'à chaque fois qu'il tire il est ramené d'un coup sec doux associé à un ordre et à un claquement de doigts.

Lorsqu'il marche correctement à vos côtés le chiot doit être félicité chaudement. Il faut lui donner une récompense toutes les cinq minutes, puis ensuite tous les quarts d'heure.

Assis, couché, debout

Une friandise appétissante vous permettra de monter au chien les positions « assis » « couché » et debout.

Vous donnerez le nom du chien puis le nom de la position au moment où le chien entame la prise de la position, et vous enchaîné par le geste associé, le son au clicker.

En général : vous levez la main droite et vous associez un clic pour la position « assis », vous baissez la main droite et vous associez deux clics pour la position « couché », vous mettez la main droite à l'horizontale et vous associez trois clics pour la position « debout. Vous terminez chaque exercice avec un signal de fin de cours « va jouer » et vous frappez dans vos mains. Évidemment vous travaillez les positions dans l'ordre le « assis », le « couché » et le « debout ». Tant que le « assis » n'est pas complètement acquis vous ne passez pas au « couché », puis le « assis » et le « couché » acquis vous passez au « debout ». L'apprentissage d'une position se réalise en deux à trois séances d'une durée de un quart d'heure. Les positions de base sont fondamentales, trop d'éducateur de club bâclent le travail car ils vont trop vite. En milieu professionnel avec un Malinois on entraîne le chien ¼ par jour le matin avant dix heures et l'après-midi après dix-huit heures pendant 7 jours sur la première position le « assis » puis on joue, une deuxième position sera apprise la semaine suivante avec d'abord une répétition de la première pendant cinq minute puis 15 minutes pour l'apprentissage. Si à 10h et à 18h il fait chaud, vous devrez décaler la séance, car la température doit être douce sans chaleur excessive et évidemment en cas de pluie ou de neige vous travaillez en intérieur.

Pour travailler l'ordre « assis », vous prenez une friandise dans la main et vous tenez la friandise de manière à ce que le chien puisse la sentir et la lécher, mais pas la manger. Puis d'un geste fluide et calme vous déplacez la friandise du museau vers le dessus de sa tête. Le chien suit la friandise des yeux et du museau (visuel + olfactif) et dès que le chien entame la position vous dite « assis », dès que l'arrière train est au sol vous faite le signe de la main, puis dès que le chien est assis vous donnez le signal au clicker, puis vous offrez la récompense à votre chien avec un mot d'encouragement « bravo ». Veillez à placer votre main à la bonne hauteur pour obtenir le geste parfait.

Pour travailler l'ordre « couché » : vous déplacez la friandise du museau vers le sol, la main étant assez proche de la poitrine du chien. L'animal va constamment suivre votre mouvement. En cas de difficultés pour obtenir le coucher vous utilisez un banc dans la nature ou ce qui s'en rapproche (une chaise chez vous) et vous placez la friandise dessous pour que le chien se couche pour manger la friandise. Souvenez-vous de la procédure de récompense en quatre phases - l'ordre dès que le chien amorce la position (là il se plie pour aller sous le banc), la signal du bras (là il est ventre au sol), la signal au clicker dès qu'il est sous le banc (bien allongé), et il vous donnez la friandise (sous le banc) et vous félicitez.

Je ne répéterez pas les phases de récompense, elles sont utilisées quel que soit l'apprentissage, c'est une procédure de routine. C'est beaucoup plus tard, après un acquis d'excellente qualité que vous supprimez la friandise qui est remplacée par une félicitation donnée très chaudement et c'est seulement en préparation à la compétition que l'on supprime le clicker (non autorisé), parfois les juges vous autorisent soit le signe soit l'ordre (conseil : choisissez l'ordre oral).

Pour travailler l'ordre « debout », vous tenez la friandise devant le museau et vous éloignez lentement votre main en suivant une ligne parallèle au sol. La position debout étant naturelle, vous pouvez associer l'ordre et les signes quand le chien se met naturellement debout, nous parlons d'action de se mettre debout, n'utilisez pas l'ordre « debout » si le chien est depuis un moment debout.

Pas bougé

Vous partez d'une position de base, et récompensez le chien dès qu'il tient la position de base plus de trente secondes, et vous donnez l'ordre « pas bougé » juste à quinze secondes. Vous pouvez avoir une friandises spéciale beaucoup plus affriolante, que vous donnez à trente secondes. Répétez l'exercice pour une minute, et ainsi de suite. Il ne faut pas vous éloigner. Vous reculerez d'une mètre dès que le chien tient au minimum deux minutes l'ordre « pas bougé ». Ensuite c'est très progressivement que vous éloignerez et ce mètre par mètre puis progressivement vous augmenterez la distance, et à chaque fois, vous revenez vers le chien, si c'est le chien qui vient à vous il faut recommencer en vous rapprochant un peu, évidemment pas de friandise, ni encouragement. La fin de la séance doit toujours se terminer sur une exercice réussi et des félicitations. Enfin vous travaillerez l'ordre pas bougé en étant caché du chien. Le chien au début ne restera pas en place, vous refuserez la friandise et vous recommencerez. Si vous utilisez une cache homologuée (présente en club ou dans les terrains d'entraînement professionnel), il y a un œil dans la cloison, vous pourrez surveiller le chien, et répétez l'ordre « pas bouger ». Une fois acquis vous n'aurez plus besoin d'utiliser l'œil qui sera obturé.

Évidemment les phases de la procédure de routine de la

récompense et des trois codes (ordre oral, geste, et son) sont respectés.

Les premiers exercices se soldent systématiquement par des échecs, il faudra patiemment recommencer en revenant à la distance acceptée, puis proposer une nouvelle distance, ceci que ce soit en étant visible et caché.

Le travail à distance

Le chien doit apprendre que les ordres « assis », « couché » ou « debout » ne signifie pas qu'il doit prendre la position demandée en étant toujours près de vous, mais il doit prendre la position là où il se trouve. L'importance de la coordination mot, geste et son prend alors toute son importance.

Vous mettez le chien au fixe (laisse attachée à un arbre, un poteau) et vous éloignez de deux mètres. Vous donnez l'ordre « assis », coordonné avec le geste du bras et le signal du clicker. Si le chien ne comprend pas, vous vous rapprochez. Si besoin vous venez tout près du chien, vous demandez la position, ensuite vous reculez par pas de cinquante centimètres et vous redonnez l'ordre, et ainsi de suite. Parfois le chien se lève, après s'être assis, dans ce cas vous devez enchaîner avec l'ordre « pas bougé ».

Dans le travail à distance, nous incluons l'arrêt à l'ordre « stop ». Le chien marche sans laisse à vos côtés, et vous donnez à votre chien l'ordre « stop » et vous continuez a avancer de trois pas, le chien doit rester sur place. Vous devrez répéter cet exercice jusqu'à une parfaite compréhension. Dans un deuxième temps, de là ou vous vous trouvez, vous demandez à votre chien un « assis ». Dès que le « stop » enchaîné avec un « assis » est acquis, vous continuerez à marcher en rajoutant l'ordre « couché », puis une fois cela maîtrisé vous demanderez « au pied ». La procédure de récompense et de félicitation sera très importante à ce stade d'éducation.

L'éducation du chien polyvalent

La marche au pied sans laisse

L'ordre « au pied » permet de promener son chien en liberté et aussi de le rappeler. Bien que l'habitude soit de faire marcher le chien côté gauche, pour pouvoir serrer la main droite d'un ami, il faut que le chien sache marcher des deux côtés : le chien marche toujours côté mur d'une rue ou côté fossé sur une route, sauf sur un pont ou il marche côté extérieur.

Vous commencez en laisse, vous prenez la récompense dans la main du côté du chien et vous donnez l'ordre « au pied » et vous détachez la laisse puis vous avancez, le chien sent la friandise, le chien fait quelques pas et vous donnez la friandise, vous recommencez en augmentant le temps de marche au pied. Bien entendu l'entraînement se réalise en milieu clos, et après des tests concluants vous pourrez intégrer la marche sans laisse au pied au quotidien, tout en restant prudent bien sûr.

Dès que le chien maîtrise la marche sans laisse, vous travaillerez le rappel, mais surtout pas avant.

Vous devez faire apprendre les ordres dans la chronologie de leur présentation, et respecter la routine d'apprentissage avec la récompense qui a été indiqué au début du chapitre.

L'ordre non

L' éducation de votre chien aux missions de chien de garde et de défense implique que l'ordre « non » soit acquis et parfaitement intégré par votre chien. L'association de l'ordre à un geste et à un son, est fondamentale pour l'apprentissage de l'ordre « non ». Il faudra être très attentif à éviter toute confusion involontaire avec un autre ordre, donc pour l'ordre le « non » le signe et le son sont précis, unique et spécifique, par exemple, les deux bras en croix devant vous et deux sifflements courts – si vous ne savez pas siffler, le sifflet sera utile mais devrez l'avoir toujours sur vous, le clicker peut prêter à confusion car il est utilisé dans tous les autres apprentissages, sauf le « non », le « stop » et le rappel « au pied » -.

Vous observez le chien et vous attendez qu'il fasse une faute comme s'éloigniez alors qu'il marche sans laisse, ou fouiner près d'une poubelle près de laquelle vous vous êtes positionné (exprès évidemment) et vous donnez l'ordre « non », une seule fois et juste avant que le chien n'aille à la faute. Ensuite, vous restez silencieux. Vous observez sa tentation et vous redonnez l'ordre « non » si il y va à la faute. Il faudra répéter les exercices jusqu'à ce que le chien obéisse de plus en plus vite à l'ordre « non ». Il faudra exposer le chien aux tentations, dans divers endroits et, dès que le chien réagit bien à l'ordre « non » vous continuez l'exercice sans friandises et avec juste des félicitations.

Lors de son éducation, l'ordre « non » indique au chien l'interdiction. Il y a des interdictions directs et des interdictions indirectes qui doivent être intégrées par le chien même sans votre présence, notamment le refus d'appât, le saut sur la clôture, l'aboiement immodéré, le grognement inutile.

Le refus d'appâts

L'apprentissage du refus d'appât commence après la maîtrise de l'ordre « non ». Sur le chemin de la promenade, vous devez placer avant la balade de la nourriture poivrée à l'intérieur - par exemple du fromage - que vous cacherez sous des cailloux ou des morceaux de bois. Pendant la promenade le chien découvrira la nourriture cachée et à cet instant vous utiliserez l'ordre « non ». Il ne faut pas donner l'ordre si il est déjà trop tard et que le chien a touché à la nourriture, dans ce cas réprimandé par la voix de façon ferme et nette « vilain chien ». La réprimande et la nourriture poivrée feront leu effet. Ensuite vous placerez dans votre jardin à l'insu du chien, des boulettes de viande hachée très poivrée, et de fromage très pimentée, vous laissez le chien dans le jardin et vous observez, dès qu'il va pour prendre une boulette donnez l'ordre « non ».

L'éducation du chien polyvalent

Quand vous donnez une friandise à partir de maintenant vous demanderez l'ordre « prend », si le chien va pour prendre avant c'est l'ordre « non ».

L'ordre donne

Votre chien doit savoir vous donnez ce qu'il a en gueule, après vous l'avoir rapporté, mais aussi en cas d'urgence si il a en gueule quelque chose de dangereux. Si vous faites des sports canins pour le brevet d'obéissance, puis le travail en Ring ou RCI, le rapport d'objets et l'ordre « donne » sont obligatoires.

Des exercices basé sur l'échange constitue le fondement de cet exercice, évitant la frustration de l'obligations.

Au départ de l'apprentissage vous utiliserez une balle ajourée dans laquelle vous glissez une friandise. Tout d'abord donné la balle, laissez là une ou deux minutes au chien qui tentera d'extraire la friandise, vous donnerez l'ordre « donne ». Si le chien est à l'écoute et a déjà une bonne éducation il réagira favorablement. Si le chien recale (équivalent du refus en terme cynophile professionnel), vous lui proposerez une friandise en contrepartie de la balle. Si le chien vous donne la balle, évidemment il a droit à la friandise – surtout ne donnez pas une autre friandise, c'est celle qui est à l'intérieur que le chien a gagné en rendant la balle -.

Vous entraînez le chien prés de vous, puis à distance une fois qu'il aura été formé au rappel. Vous avez besoin d'haltères en bois, puis en fer, - objet utilisé en sport canin-, pour remplacer la balle dès que le chien la ramène avec précision.

Il est essentiel que les friandises passent au second plan au fur et à mesure de l'éducation du chien à un stade avancé.

Le rappel

Un chien faisant demi-tour sans hésitation et revenant rapidement vers son maître, même par un environnement hostile, c'est l'objectif du rappel.

Le principe fondamental du rappel est au début de ne rappeler le chien que si vous êtes sûr qu'il viendra. Pour obtenir ce résultat, en terrain clos vous mettez une longe au chien, lâchez-le, et appelez le dès qu'il est à 2 m de vous et surtout utiliser la procédure de récompense. À ce stade le rappel ne signifie pas que le chien revient vers son maître si il y a une distraction ou pire une situation d'excitation – congénères, chevaux, canards -.

Le rappel ne laisse aucune place à l'initiative, il induit une réaction reflexe. C'est une travail d'apprentissage long et une répétition constante au quotidien.

Avant chaque sortie, à chaque entrainement, avant chaque compétition, il faut testez votre chien, c'est positif vous continuez, c'est négatif vous remettez le chien laisse. Si vous envisagez une compétition et que le test est négatif, attendez un quart d'heure et renouvelez le test. C'est négatif, il faut vous abstenir. Dans la foule des spectateur parfois il y a des chiennes en chasse, c'est une explication possible, même si il y a d'autres causes possibles.

Le chien doit assimiler que la liberté est en échange du choix d'obéir au rappel. Le secret d'un bond rappel et d' être travailler régulièrement et quotidiennement, assurez-vous de bien utiliser trois signaux : l'ordre par le mot, l'ordre avec un coup de sifflet long, l'ordre par le geste un signe de la main qui va d'avant en arrière.

Votre chien devra savoir distinguer clairement l'ordre « au pied », de l'ordre « stop », et de l'ordre « en garde ». Les trois ordres doivent être d'abord travaillées séparément. L'ordre « au pied » concerne le rappel. L'ordre « stop » est une demande d'arrêt immédiat du chien à l'endroit où il se trouve. L'ordre « en garde » est une protection statique sur une personne ou un objet.

Pour arriver à un résultat, il faut proposer, après l'apprentissage, des situations réelles dans lesquelles le

L'éducation du chien polyvalent

chien associe l'ordre avec l'action. Il ne faut plus donner de récompenses lorsque le chien est bien éduqué mais plutôt le féliciter et lui donner l'ordre « va jouer » en fin de travail. L'ordre « stop » doit être travaillé après la maîtrise de l'ordre « au pied ». L'ordre « en garde » ne doit être travaillé qu'avec un professionnel.

Le rappel peut mettre en évidence un problème de comportement, normalement un chien LOF, les tests et la sélection permettent d' éviter un recours à un vétérinaire comportementaliste.

Si vous souhaitez remédier à un problème comportemental léger, vous devez tout d'abord en déterminer la cause et mettre en place un plan d'action adapté. Vous devrez reprendre tous les exercices de rappel avec une longe et notamment insister sur le signal de déclenchement du problème comportemental. Le problème comportemental doit être diagnostiqué par l'observation. Quel est l'élément qui est plus fort que l'ordre ? Il peut s'agir d'une réaction instinctive à une odeur, à un bruit, ou à un comportement d'autrui ou d'un congénère, mais aussi le problème peut venir du maître. Par exemple un environnement de cris et de nervosité et très défavorable pour le chien. Par exemple un environnement laxiste ou le chien fait ce qui veut est très défavorable pour le chien.

Il existe des techniques pour détecter les signaux déclencheurs de mauvais comportement. Vous pourrez, avec beaucoup de précautions, détectées le signal déclencheur au cours des exercices d'entraînement mais uniquement par une observation poussée. Une fois que vous avez reconnu le signal il faudra bien vérifier que ce signal est le bon. Il faudra au moment du comportement changer le signal.

En conclusion, un chien qui n'a pas un rappel parfait ne doit jamais être laissé en liberté et si le chien n'arrive pas à intégrer le rappel il faut suspecter un problème de comportement.

L'ÉDUCATION A LA GARDE

Le chien de garde a acquis des réflexes. S'il est seul il agira selon son conditionnement, car il a été éduqué pour cela.

Dehors un chien de garde doit pouvoir vous alerter. Après l'alerte il attendra votre décision, et si vous n'êtes pas là, il interviendra de lui-même, et en fonction des circonstances il se référera à son instruction.

Un panneau qui prévient qu'un chien monte la garde ne dispense pas d'être prudent, mais est obligatoire. Vous devez avoir un panneau par issue.

Personnellement mes chiens sont dedans si je sors et dehors si je suis présent. Quand ils sont dehors ils préviennent et ils m'attendent.

La prévention est la base de la garde, le chien doit toujours prévenir et n'intervenir qu'en cas de danger avéré.

Il y a trois degrés d'alerte : l'aboiement, le grognement, et l'attaque (ou défense). Si le danger est écarté le chien doit revenir immédiatement en position de vigilance « garde au ferme ».

En général la position de grognement dissuade l'éventuel agresseur. Si malgré tout l'agresseur poursuit, le chien aura un mordant très fort, et ne relâchera que sur ordre, cette action se nomme l'immobilisation.

Le mordant a des règles précises. Le chien est entraîné à mordre et surtout à tenir son mordant. Il a été entraîné pour cela. C'est pour cette raison, qu'il ne devra jamais répondre à une simple provocation.

Un chien parfaitement éduqué saura doser sa réponse à un danger : il préviendra, analysera la nature de l'agression et interviendra juste de raison.

Vous devez entraîner le chien à attaquer sur ordre, mais aussi à avoir son propre jugement, et il faudra lui faire confiance, car il aura appris.

Pendant toute la phase d'éducation vous devez

L'éducation du chien polyvalent

surveiller le chien, c'est un apprenti et il ne faut pas l'exposer.

Vous ne devez pas commencer la phase de travail au mordant avant l'obtention du Test d'Aptitude au Travail et le Certificat de Aptitude à l'Utilisation (C.S .A.U)(T.A.N).

Si le rappel n'est pas intégralement maîtrisé, ou si le stop n'est pas parfaitement acquis, ne commencez pas la phase d'éducation à la garde.

Vous devez enseigner au plus tôt la phase de refus d'appât à votre chien. Un chien mange un repas équilibré à heure fixe, en toute tranquillité pendant vingt minutes. Il n'accepte rien d'autre, sauf vos friandises en éducation et sur l'ordre « prend ». Évidemment il a de l'eau propre en permanence.

Vous devez passer à l'enseignement de la phase reconnaissance des aliments dès l'âge de six mois. Le chien ne prend que ce qu'il reconnaît, et seulement la nourriture présentée par son maître. Ainsi vous diminuerez le risque de voir votre chien toucher à des aliments empoisonnés.

Le chien doit être sociable, c'est primordial, essentiel, c'est la base de tout. Nous allons tordre le cou à une idée reçue. Si vous interdisez à vos proches, à vos amis, à des tiers de caresser le chien, vous faites une grosse connerie, le chien de garde ne fonctionne pas ainsi. C'est exactement l'inverse. Il analyse le danger, donc s'il n'y en a pas, il est un gentil toutou qui se laisse caresser, communique, et interagit avec les autres.

Vous devez habituer le chien par contre à ne pas manger ce qui lui est offert par une autre main que la vôtre. Si vous devez un jour confier le chien, il faudra l'habituer à la personne qui le nourrira quelques jours avants. N'oubliez pas que ce sera sa gamelle et sa nourriture habituelle. J'ai personnellement deux amis de confiance, qui sont habitués à garder mes chiens.

Je vous invite aussi à ne jamais attacher votre chien de garde chez vous, surtout lorsque vous êtes avec des amis, même si vous faites une fiesta. L'attache est une position de soumission et d'excitation, votre chien va mal la vivre. Il faut préférer habituer votre chien à respecter des codes dans toutes les situations. Mes chiens ont été habitués à prendre leurs distances, et vont donc se mettre naturellement en recul du bruit, et des sollicitations. Ils n'approcheront pas et resteront calmes et vigilants.

Vous devez veiller à ce que le collier du chien de garde ne soit pas un danger pour le chien, car il peut s'accrocher et pendre le chien ou servir à un intrus à attraper le chien en général avec une gaffe à crocheter. Je laisse mes chiens sans collier quand ils sont chez moi.

Vous devez habituer votre chien bien avant l'éducation à la garde à tous les bruits et il ne devra pas avoir peur. Pour y arriver il faut utiliser l'immersion progressive. Coup de feu, cri, feux d'artifice, avion qui passe le mur du son, tambours, trompette mes chiens restent sereins. J'appelle cela la méthode du calme olympien.

Nous allons tordre le cou à une autre idée reçue : si le chien voit un invité chez moi et si cette personne vient à l'improviste, le chien n'interviendra pas ? C'est absolument faux. Le chien a appris à mesurer le danger. Il n'y a que vous qu'il ne testera plus après son adolescence. Votre ami ou pas, le chien entamera les phases de précautions : l'aboiement, le grognement, puis la position d'attaque.

Puisque nous y sommes, nous allons tordre le cou à une énième idée reçu, qui consiste à tester un chien in situ par un quidam. Êtes-vous fous ? En voulez-vous à quelqu'un à ce point pour le mettre en danger ? Seul un éducateur au mordant dûment habilité peut tester un chien ! L'éducateur avec qui vous travaillez pourra vous le proposer. Lui et personne d'autre !

Le chien intervient, vous êtes là : vous donnez l'ordre « stop » et le chien se mettra en position de « garde au ferme ». Ensuite vous exigez de l'agresseur de s'allonger au sol, puis vous prévenez les autorités.

Le chien intervient, vous n'êtes pas là : avez-vous pris la précaution d'avoir un voisin vigilant qui va prévenir les

L'éducation du chien polyvalent

autorités et vous prévenir ? Votre voisin ne doit surtout pas s'approcher du chien. Il prévient par téléphone.

Dans tous les cas je vous conseille, d'avoir les papiers du chien, son carnet de vaccination, et votre licence CBU de club ou votre titre capacitaire si vous êtres professionnel, ce sera plus simple.

Prenez tout de suite les témoignages des gens qui connaissent votre chien et peuvent témoigner qu'il est bien éduqué.

Un chien de garde éduqué vous fera prendre moins de risque qu'un chien non éduqué qui sera surpris chez lui. Ce dernier aura une poussée d'agressivité. Ce sera bien pire que l'intervention d'un chien équilibré, qui est éduqué à intervenir et qui est psychologiquement sûr de lui.

Nos hommes et femmes politiques ne mesurent pas les risques encourus avec des chiens classés d'utilisation et qui ne sont pas éduqués. Tous les maîtres devraient éduquer leurs chiens s'ils sont classés CBU.

Nous terminerons avec le risque de bavure, de la grosse bêtise, du coup de sirocco pour une femelle en chasse. Le chien n'est pas un robot, mais un être sensible. Il n'est pas possible de tout prévoir, d'avoir tout anticipé. Et si le chien fait une grosse boulette, alors il faudra que vous assumiez.

Un chien éduqué, avec une évaluation parfaite de son comportement par son éducateur, est un chien qui saura évaluer une situation. Un chien, pas éduqué, ou pire éduqué avec violence, sera un danger.

Il était indispensable de parler des préliminaires avant d'aborder l'éducation à la garde et à la défense.

Votre chien doit d'abord être sociable, être psychologiquement stable, et avoir une éducation de base parfaite avant d'envisager d'en faire un chien de garde.

Il maîtrise les positions de fixation : assis, couché, debout et pas bouger. Il marche en laisse sans tirer, et fait les quarts de tour et demi-tour sur ordre. Il marche sans laisse en enchaînant les positions fixation et l'ordre *pas bouger*. Il maîtrise les positions de fixation associez à l'ordre *pas bouger.* Le stop et le rappel sont immédiats sur votre ordre. Votre chien va préparer le Test d'Aptitudes au Travail de Défense.

Alors allons-y. Bon courage.

Vous allez choisir un club, inscrire votre chien en RCI ou en RING, obtenir une licence CBU, puis vous travaillerez avec un maître-chien. C'est impératif pour le mordant. Un professionnel va utiliser le jeu sans aucun accessoire entraînant de la douleur chez votre chien. Apprendre à son chien à monter la garde ou à défendre signifie avant tout d'apprendre au chien à faire la différence entre une situation à risque ou une situation normale, mais pour cela il va falloir vivre les situations et que le chien acquiert des procédures qui deviendront des routines.

La patience est de rigueur. Votre chien ne naît pas chien de garde et de défense, il va falloir du temps et de nombreuses séances pour lui apprendre.

C'est peut-être long, mais quel bonheur une fois que vous avez réussi ! Et vous allez réussir. L'important c'est la régularité des séances. Pour la durée des séances, je vous recommande une heure, pour la fréquence trois fois par semaine. N'oubliez pas les pauses toutes les dix minutes et d'une durée de dix minutes. Observez votre chien s'il en marre arrêtez immédiatement.

J'en vois beaucoup qui apprennent directement à attaquer à leur chien. C'est dangereux. Le chien doit d'abord apprendre à surveiller et à alerter.

Il ne faut pas apprendre au chien à mordre ou à attaquer, avant qu'il ne sache donner l'alerte et faire éloigner l'intrus.

Pour apprendre à donner l'alerte, votre chien doit d'abord bien connaître les situations où il n'y a pas lieu de donner l'alerte.

Donc c'est l'ordre « non » dans les situations non désirées.

Commençons par l'éducation de base chez vous :

L'éducation du chien polyvalent

Vous êtes seuls à savoir qui laisser entrer chez vous. Lorsque quelqu'un sonne donnez l'ordre « *à ta place* ». Le chien s'exécute, n'oubliez pas la récompense et la caresse. Vous répéterez autant que nécessaire.

Maintenant vous autorisez une personne à entrer. Faite signe à votre chien de s'approcher de la porte et vérifier qu'il reste neutre, ni bon ni mauvais. Donnez l'ordre « *c'est bon* », le chien repart à son panier. N'oubliez pas la récompense et la caresse. Vous répéterez autant que nécessaire. Cette phase est très importante, le chien doit venir et repartir. C'est une routine. S'il n'y a pas l'ordre « *c'est bon* », le chien doit rester en position de vigilance près de vous, mais surtout pas en « *garde au ferme* ».

Maintenant dans le jardin ou dans la cour : une personne approche du grillage, de lui-même le chien alerte, puis vous sortez et vous donnez l'ordre « *laisse* ». N'oubliez pas la récompense et la caresse. Le chien ne doit pas se jeter sur grillage sinon ce sera l'ordre « *non* ». Le chien doit se positionner à un mètre du grillage et fixer l'intrus en aboyant en vous attendant. Vous répéterez autant que nécessaire. Cette procédure ne doit être apprise que si un individu s'arrête devant le grillage, cela évitera les aboiements sur les passants qui seront réprimés par l'ordre « *non* ». Dans les cas où l'aboiement est intempestif l'usage du collier d'entraînement est possible en accord avec l'éducateur.

Le chien ne va pas rester au coin car il y a quelqu'un. Vous devez le laisser vivre sa vie, surtout si la personne invitée reste un moment chez vous. Demandez juste aux gens que vous accueillez de ne pas s'occuper du chien. Si le chien vient près de la personne invitée donnez l'ordre « *tu laisses* ». N'oubliez pas la récompense et la caresse. Vous répéterez autant que nécessaire.

Ces procédures ne concernent que les invités pas la famille. La famille doit être immergée avec le chien : ballade, jeu, travail du chien, et accompagnement du chien à l'éducation en club.

Tordons l'idée reçue à l'éducation du chien qui ne doit laisser sortir personne de chez vous. C'est inadmissible. Le chien de garde est éduqué à l'analyse de situation : donc sauf s'il y a un danger sinon il n'intervient jamais. Les dangers c'est vous qui les lui apprendrez.

Tordons le cou à une autre idée reçue celle qui prétend qu'il n'est pas forcément indispensable de dresser un chien à la garde pour qu'il comprenne qu'il doit garder la maison lorsqu'il est seul. Certes le chien aboiera, mais il sera en panique s'il doit intervenir. Et c'est très dangereux, car le chien ne sait pas mordre donc ce sera de la charpie si le chien fait face.

La plupart du temps, s'il n'a pas appris à monter la garde, un chien préférera toujours s'éloigner du danger.

Un chien dressé à monter la garde surveille et alerte. D'ailleurs, l'un des fondamentaux absolus pour apprendre à monter la garde à son chien, c'est la socialisation très avancée.

Maintenant votre chien connaît les procédures et sait ce qu'il doit faire si des amis arrivent chez vous ou si un individu stoppe devant le grillage du jardin. C'est parfait.

L'éducateur vous proposera un test. Évitez de demander à un quidam lambda de tester le chien.

Rappelez-vous : il y a trois degrés d'alerte : l'aboiement, le grognement, l'attaque. Vous avez éduqué le chien au premier niveau d'alerte : l'aboiement.

Pour le grognement, le chien grognera et montrera en même temps les crocs. Cela s'acquiert au travail du mordant. Au début l'éducateur va éloigner les peurs du chien. L'éducateur sous forme de jeux proposera au chien des chiffons à mordre, là vous repérez l'attitude du chien au moment de la prise. Vous associerez l'ordre « *grogne* », et l'éducateur continuera de travailler. Une fois chez-vous il faudra travailler avec le chien. Demandez-lui « *grogne* ».

La position d'attaque et l'attaque sont apprises lors de l'éducation au « *mordant* » avec l'éducateur uniquement après une maîtrise d'un mordant ferme et sans lâcher.

L'éducation du chien polyvalent

L'important maintenant ne sera pas que le chien réagisse sur un homme caparaçonné, mais qu'il cesse immédiatement dès que l'ordre est lancé.

Vous l'avez compris l'éducation à la garde est un ensemble complet d'associations de comportements, ce n'est certainement pas que du mordant.

En conclusion, un chien de garde n'est pas un chien qui aboie dès qu'il voit un passant, un vélo ou un autre animal passer devant chez vous. Ce n'est pas non plus un chien qui ne fait aucune différence entre le facteur, les amis, les voisins ou un rôdeur.

Lorsque l'on a un chien de garde, on doit toujours être en mesure de prévoir sa réaction face à une personne malveillante. Les chiens qui aboient face aux gens qui passent ne font que répondre à un instinct, sans avoir appris comment réagir. Un chien qui monte la garde est un chien qui a appris son travail. Un chien de garde a appris à faire la différence entre les personnes indésirables et celles qui sont invitées. Il veille, il surveille, il alerte. Ce n'est pas un chien agressif et il n'attaquera jamais sans en avoir reçu l'ordre de son maître ou d'être dans une situation qui lui impose d'agir.

L'éducation du chien polyvalent

L'ACTIVITÉ DE DEFENSE

Il est impossible sans l'accompagnement d'un professionnel d'éduquer seul son chien à la garde et à la défense. Les sports de défense sont le Ring et le RCI.

Le Ring comprend trois échelons, qui sont présentés graduellement après l'obtention du Brevet de Chien de Défense.

Le Brevet de Chien de Défense se déroule de la manière suivante : une suite sans laisse, un refus d'appât - de la nourriture est lancée aux chiens à 10 m par un inconnu - une suite sans laisse avec le chien muselé, une minute au coucher sans bouger en l'absence du maître, le contrôle du calme du chien malgré deux coups de feu tirés l'un venant de devant, puis l'autre venant de derrière, une attaque lancée sur un malfaiteur au commandement du maître.

Après l'obtention du brevet de chien de défense le chien va passer l'échelon « 1 » du ring qui se déroule de la manière suivante : un saut de haie, une suite en laisse, une suite sans laisse muselée, une minute couchée en l'absence du maître, un rapport d'objets, un respect des positions de fixation donnée dans le désordre, un refus d'appâts en l'absence du maître, une attaque de face, une défense du maître, une attaque fuyante, et une attaque au revolver avec le chien en attente (garde au ferme).

Les degrés suivant chercheront moins la difficulté que la précision d'exécution.

Pour le travail de défense les particuliers suivent un enseignement en club, et doivent avoir une licence CUNCBG. Pour les professionnels civils le brevet de maître-chien est obligatoire pour la conduite d'un chien de garde et de défense et l'entraînement du chien est réalisé par un professionnel breveté au mordant. Pour les professionnels des corps constitués le brevet de conducteur spécialisé est obligatoire.

L'HYGIÈNE ET LA SANTÉ

Ce n'est pas parce qu'un chien est d'utilisation ou de compagnie, qu'il fasse des concours canins, qu'il soit de travail avec un maître-chien, qu'il soit de garde, ou simplement qu'il soit un compagnon dans la maison, que le chien ne doit pas avoir de promenades !

Vous devez faire en sorte que les promenades avec votre chien deviennent l'occasion d'un partage. Votre chien doit aimer être avec vous. Il est très important de faire la différence entre les moments de détente et les moments de travail, la ballade c'est la détente, il n'y a pas d'exercices, les ordres sont intégrés comme naturels dans la ballade. J'en profite pour faire travailler le chien, mais c'est de la réalité et pas de l'exercice.

Le temps de travail doit être inférieur à un quart du temps de détente. Le chien ne peut gambader, que si il a intégré la marche au pied sans laisse, l'ordre « stop », l'ordre « non » et le rappel.

Le chien doit savoir que même en période de détente un ordre peut arriver et c'est naturel de s'y soumettre. C'est essentiel pour un chien de garde de défense, c'est comme cela qu'il va comprendre que l'exercice n'est que l'apprentissage des choses normales de la vie.

Les tests en milieux clos lors de séances d'éducation sont indispensables avant de permettre aux chiens d'évoluer libres. Certains diront que c'est pareil pour un chien d'être libres ou en longe ou on laisse, c'est méconnaître le comportement canin, le chien a besoin et recherche la liberté. La liberté c'est en contreparties de codes et de règles, le chien le comprendra très bien.

A l'extérieur, gardez toujours votre chien sous contrôle, et ne tolérez aucun écart. Un chien polyvalent a besoin d'autant de promenade et d'affection qu'un chien uniquement voué à la compagnie. Le chien polyvalent et beaucoup moins problématique face à une initiative à prendre qu'un chien de compagnie, car il a appris à attendre l'ordre de son maître et que ses initiatives répondent à des codes précis. Il est souhaitable que le chien polyvalent soit éduqué comme un chien d'utilisation. Néanmoins, il n'y a jamais de risque zéro. C'est effectivement en promenade qu'arrive la majorité des accidents.

Le chien de concours sportif et le chien polyvalents sont entraînés quotidiennement pour l'un et chaque semaine pour l'autre.

Les promenades avec votre compagnon vous donnent régulièrement l'occasion de rencontrer d'autres chiens et d'autres gens, cela renforce la socialisation de votre chien. Il ne faut tolérer aucun écart de la part de votre chien. La règle est que vous mettiez le chien en laisse à la moindre rencontre et même si l'autre maître ne respecte pas cette règle ; faite comme moi vous la lui rappelez, même si parfois cela me vaut un regard bizarre, je préfère cela, plutôt qu'un incident.

Lorsque des chiens se rencontrent par inadvertance car sinon vous respectez la règle de mettre immédiatement votre chien en laisse, le meilleur moyen de désamorcer une situation tendue consiste à poursuivre sa route rapidement et de manière décontractée et avec l'ordre « marche au pied », pour tempérer l'envie de votre chien. Si vous

L'éducation du chien polyvalent

percevez un risque, prenez immédiatement la direction opposée, c'est-à-dire éloigniez-vous de l'autre maître. Il ne faut jamais attendre sur place. Si votre chien est formé à l'ordre d'urgence, vous montez la voix en donnant l'ordre « stop » suivi de l'ordre « au pied ». Si les chiens se bagarrent, c'est trop tard, éloigniez-vous et ne tentez rien, malheureusement il n'y a rien à faire, sauf à constater les dégâts. Cette situation n'arrive pas avec un chien polyvalent éduqué, sinon c'est qu'il y a eu de graves loupés d'éducation. Le seul cas que j'ai connu avec un chien polyvalent éduqué : est une tentative d'intimidation par un congénère non éduqué, et l'intrus mal bouché s'en est allé, au grognement volontaire de mon chien. En utilisation militaire j'ai vécu un seul cas d'une attaque disproportionnée d'un chien sur un civil qui l'a excité – le chien a été renvoyé – mais il faut dire qu'il était blessé à une patte quand cela s'est produit.

Pour un chiot, se faire attaquer, se prendre des coups, et être mordu sera une expérience traumatisante qu'il faut évitez absolument, le chien peut à jamais rester peureux.

Avec un chien polyvalent je déconseille qu'une rencontre se transforme jeu entre chiens, il faut éviter l'accoutumance, car un jour c'est un chien avec une agressivité inattendue qui se présentera et votre chien sera surpris.

Tous les bons chiens ne sont pas forcément en bonne santé. Avant tout achat, il est important de s'assurer de la qualité des reproducteurs au niveau des tares génétiques au moyen des résultats d'examens officiels et à jour, notamment des tests ADN et des radios des hanches.

Le chien de berger est génétiquement prédisposé à la dysplasie de la hanche - dysplasie coxo-fémorale – qui est une affection de l'articulation entre le bassin et le fémur provoquant une usure prématurée de la tête du fémur et par conséquent des problèmes de locomotion. Un examen radiologique répondant à un protocole précis doit être effectué dès l'âge d'un an aux parents de votre futur chien.

Le chien de berger est génétiquement prédisposé pour développer des hypothyroïdies qui sont une imprégnation insuffisante de l'organisme en hormones thyroïdiennes. Elle peut s'exprimer par des symptômes d'intensité variable tels qu'une fatigue, une somnolence, une frilosité, une constipation, une prise de poids, une pâleur cutanée, une raideur musculaire, des œdèmes (« myxœdème »). Elle peut se compliquer d'insuffisance cardiaque ou de dépression et classiquement lorsque l'évolution est avancée, d'un coma myxœdémateux. Chez le nouveau-né, elle peut entraîner un retard mental (« crétinisme »). Seule une sélection stricte en élevage et un suivi vétérinaire fin des reproducteurs ainsi que des naissances permet de se sécuriser sur ce risque. Il est donc essentiel que les élevages aient fait les dépistages.

Le chien de berger est génétiquement prédisposé à deux affections oculaires. La persistance de la tunique vasculaire du cristallin (PHTVL) et la persistance du vitré primitif (PHPV). Il est donc essentiel que les élevages aient fait les dépistages.

Le chien de berger est génétiquement prédisposé à de la cardiomyopathie. Il est donc essentiel que les élevages aient fait les dépistages. Le test sanguin se nomme CARDIOPET PROBNP.

Le chien de berger est un chien sain. Les pathologies que j'indique sont des présomptions qui nécessitent une vigilance de l'éleveur aussi du client qui doit acheter des chiens LOF Français dans des élevages recommandés par le Club de race de France car les élevages recommandés sont soumis au dépistage.

Pour le suivi de votre chien je vous conseille :

Les oreilles : vérifiez régulièrement la propreté des oreilles de votre chien. En cas de besoin il faut les nettoyer avec une lotion adaptée (vous les trouverez chez votre vétérinaire, en pharmacie ou en animalerie) en utilisant une "lingette" ou du coton. N'utilisez jamais de coton-tige, vous pourriez blesser votre chien en cas de mouvement brusque de sa part et de toute façon vous ne feriez que tasser les saletés dans le fond du conduit.

Les yeux : nettoyez-les régulièrement avec une lotion spéciale. Tout écoulement anormal doit être immédiatement signalé à votre vétérinaire.

Les dents : surveillez attentivement l'état d'entartrage des dents. Le tartre est responsable de problèmes graves tels que le déchaussement précoce, la mauvaise haleine, les abcès dentaires.

Pendant la croissance de votre chien vérifiez régulièrement sa dentition : ses dents de lait vont tomber lorsqu'il aura environ 4 mois. Cela peut passer de façon inaperçue car il va en avaler une grosse partie. En cas de doute sur le changement de dents de votre chiot, demandez conseil à votre vétérinaire.

Les griffes : en principe elles doivent s'user régulièrement avec la marche sur sol dur.

Bain : vous pouvez baigner votre chiot 8 jours après le premier rappel de vaccins. Utilisez toujours un shampooing spécial chien (animalerie et pharmacie) et prenez soin de bien le sécher après (attention au sèche-cheveux qui peut lui brûler la peau si vous le mettez trop près), idéalement, l'eau du bain doit être tiède. N'abusez pas des bains.

Il existe un syndrome de dilatation torsion gastrique auquel vous devez faire attention. C'est le retournement de l'estomac. Il arrive si le chien se met à l'effort après avoir mangé. Je ne suis pas un fan de la nourriture en fin de journée, avant de dormir. Mais c'est une solution.

Pensez à administrer un traitement anti-puces et tiques pendant les saisons chaudes ainsi qu'un vermifuge deux fois par an et ne pas oublier la visite annuelle chez le vétérinaire pour son rappel de vaccin.

Attention le carnet de santé et le suivi médical sont obligatoires. En fonction des régions et des risques votre vétérinaire vous conseillera, d'autres vaccins peuvent s'avérer nécessaires ainsi que d'autres protections en fonction des régions.

Une alimentation sous forme de croquettes de bonne qualité est recommandée afin de respecter les besoins nutritionnels du chien. Si possible faites confiance à votre vétérinaire car une bonne alimentation est indispensable.

Pour prendre soin de votre chien, il faut vous équiper avec : ciseaux, pince à épiler, seringue anti-venin, coupe griffe, attelle, canne télescopique. Attention, vous n'êtes pas vétérinaires. Il est utile de prévoir quelques médicaments chez soi et en déplacement pour assurer soins et gestes de première urgence.

Il faut : des compresses, du désinfectant, du sparadrap, des bandes, du savon de Marseille, un sérum physiologique pour les yeux, une crème antibiotique pour les plaies, de l'éther pour les tiques, un pansement intestinal pour les diarrhées. Vous faites de la randonnée, vous partez sur une nationale, organisée par la SCC ou par votre club. Vous voyagez en camping-car. Vous partez dans un gîte isolé. Alors vous devez rajouter : une boîte d'antibiotiques pour éviter les allergies, un anti-vomitif, une protection contre les puces, un vermifuge, une crème contre la maladie de la gale pour les oreilles et une crème anti-aoûtats.

Vous pouvez également constituer une pharmacie médicale en cas de troubles légers ou pour prendre les premières mesures d'urgence sachant qu'il vous faut consulter pour des symptômes qui durent. Voici les produits en fonction des différentes affections.

Pour les problèmes de peau il y a les antiseptiques représentés par l'alcool, la Bétadine, l'alcool iodé, le bleu de méthylène, l'eau oxygénée, l'éther ou la solution de Dakin. Attention, ces produits sont souvent irritants en solution pure. La dilution dépend du produit et de son utilisation ponctuelle. Le savon de Marseille est l'antiseptique le plus simple qui, utilisé correctement, est très efficace pour la désinfection des plaies diverses.

Une plaie infectée doit être savonnée, rincée à grande eau. On applique ensuite des antiseptiques, de l'alcool ou de la teinture d'iode. L'eau oxygénée est très utile pour rendre une plaie propre. Elle permet, en effet, d'ôter toutes les traces de sang. Les sprays antibiotiques s'utilisent pour éviter les infections locales.

Pour tous les autres problèmes de peau, il vous faudra un produit contre la gale à base de Lindane, un produit antimycosique pour la teigne en spray et en comprimés. Une lotion anti-inflammatoire vous permettra de lutter contre les allergies et eczémas divers.

Pour les troubles digestifs sachez que la diarrhée est fréquente chez les chiens. Il est indispensable que votre pharmacie comporte un pansement gastrique sous forme de poudre ou de gel. Un antispasmodique pour lutter contre les mouvements de l'intestin. Un antibiotique agissant sur les germes digestifs. Pour la constipation, de l'huile de paraffine sera parfaite.

Pour les infections les antibiotiques sont obligatoires pour pallier toute infection. Attention, une ordonnance doit toujours les accompagner. Concertez-vous avec votre vétérinaire en lui expliquant que vous vous déplacez souvent même le week-end et qu'il n'est pas aisé de trouver des urgences pour chien un dimanche après-midi à Aubigny-sur-Nère par exemple.

Vous déterminerez avec votre vétérinaire la liste d'antibiotiques en fonction de votre chien.

Il est essentiel de choisir un bon élevage, qui évite les croisements consanguins et pratique une sélection rigoureuse des reproducteurs et qui vous fournira les conclusions des radios des hanches des reproducteurs.

LA NOURRITURE

Afin que la nourriture et la récompenses sous formes de friandises n'entraîne pas d'obésité, vous devez être attentif. Pour ce faire, il convient de doser les rations quotidiennes chaque jour, sans dépasser la dose journalière et en diminuant de ce que le chien aura au fil de la journée, sous forme de récompense en accomplissant les exercices.

L'idéal est d' utiliser un type d'aliments en guise de friandises et un autre type pour son alimentation, la friandise doit être plus affriolante que le repas.

Pour renforcer l'appétit du chien, vous pouvez incorporer à sa nourriture des compléments qui soient olfactifs, comme du fromage ou des compléments ciblés pour le poils et les dents. Il faut en mettre peu pour ne pas faire varier l'équilibre nutritionnel.

Vous pourrez avoir une friandise sous forme de cœur de bœuf séché, ou de bâtonnet à base de poisson, lorsque votre chien réalisera des exercices nouveaux ou particuliers. Il est intéressant d'avoir plusieurs types de friandises, la variété entretiendra l'intérêt du chien.

Vous devez toujours tenir compte d'une progression, pour éviter d'avoir un chien dépendant à la croquette, dés un exercice acquis la récompense ne s'obtient pour le chien

L'éducation du chien polyvalent

que lors d'une réalisation parfaite.

La recherche de nourriture est chez le chien quelque chose de naturel car pendant longtemps, dans le cadre de sa cohabitation avec l'homme, le chien s'est principalement nourri en cherchant des restes et de petites proies, et évidemment cela l'entraînait à manger de manière fractionnée tout au long de la journée. Il est intéressant, pour certaine race et pour développer le flair, de faire chercher sa friandise au chien.

Certains types de chiens sont des chasseurs et donc par réflexe et sans réfléchir ils vont suivre une piste, et si vous entraînez votre chien au pistage il fera la même chose, donc il devra être tenu en longe tout le temps. Néanmoins vous pouvez parfaitement faire assimiler à votre chien l'ordre « non », mais il faudra donner l'ordre avant que le chien ne se soit mis à suivre la piste. En même temps si vous entraînez un chien au pistage, son instinct est décuplé car il aimera cette activité, il faudra donc une fois par semaine travailler sur des objets reniflés que vous aurez cachés.

Comme tous les grands sportifs, le chien a besoin d'une alimentation adaptée. En période d'entraînement et de concours, le chien doit bénéficier d'apports plus importants en protéines et en glucides. Les premières permettent de fournir des efforts importants, les secondes favorisent la pratique de l'exercice sur la durée.

En dehors des périodes d'activité, le chien peut être nourri avec une alimentation industrielle, sèche ou humide. Un grand bol d'eau fraîche doit rester en permanence à sa disposition.

Son alimentation devra être de bonne qualité, hautement digestible et distribuée si possible en deux fractions. Les chiens, peuvent être sujet aux torsions-dilatations d'estomac, il faut donc éviter les rations trop importantes et les efforts ou coup de stress juste avant ou après un repas.

Pour le chien de travail, il faudra porter une attention

particulière à ses articulations. Un bon échauffement est indispensable avant la pratique d'un sport. Le chien est volontaire et énergique, il a du mal à s'économiser lui-même, il faut donc le stopper. C'est d'autant plus important durant sa croissance où il faudra éviter les excès d'activités.

Privilégié la qualité de nourriture c'est profiter d'un chien en bonne santé.

Beaucoup de chiens manifestent des problèmes récurrents d'embonpoint. Il est essentiel d'adapter un régime alimentaire aux habitudes de vie. J'ai quatre chiens et j'avoue que j'ai quatre types de croquettes et deux fois semaines je donne du frais fait maison. Mais cela est personnel.

L'alimentation industrielle met à la disposition des possesseurs de chiens des spécialités adaptées au poids, à la taille et à l'âge du chien. Elle propose également des aliments correspondant au niveau d'activité physique de chaque chien et à son état de santé.

La ration du chien doit être distribuée aux mêmes heures et au même endroit en le faisant manger seul dans un lieu isolé et calme de la maison, et toujours après ses maîtres.

L'eau est très importante, elle doit toujours être disponible. En cas de consommation excessive il faut consulter son vétérinaire.

Il existe principalement trois types d'alimentations, l'alimentation industrielle sèche, l'alimentation industrielle humide et l'alimentation "maison". Je vais vous décrire ces alimentations en exposant leurs avantages et leurs faiblesses.

Sachez toutefois qu'il n'est pas recommandé de changer brutalement la nourriture d'un chien.

Il est convenu de l'habituer sous une période de 8 jours en mélangeant les deux types d'aliments.

On appelle alimentation industrielle sèche, l'alimentation à base de croquettes. La croquette est une boulette de pâte, de riz, de viande, de poisson, de légumes ou de frite. C'est un aliment déshydraté qui demande une consommation d'eau importante. Il existe des croquettes pour tous les types de chiens selon leur morphologie. Au dos du paquet vous trouverez la ration à donner quotidiennement à votre chien. Les besoins quotidiens nécessaires à un chien adulte en activité sont totalement apportés par les croquettes. Elles garantissent une alimentation saine et équilibrée au chien en fournissant des nutriments préparés par des nutritionnistes vétérinaires et des spécialistes de l'alimentation canine.

Certains chiens n'apprécient pas les croquettes et refusent de les manger car ils ne les trouvent pas appétissantes. Vous pouvez mélanger les croquettes à de la viande ou les compléter par des aliments industriels humides afin de leur donner meilleur goût.

Les croquettes sont également un moyen important de lutter contre le dépôt de tartre grâce à leur effet abrasif. Les croquettes sont recommandées par les éleveurs et les vétérinaires.

L'alimentation à base de viande crue BARF signifie en anglais "Biologically Appropriate Raw Food" ce qui veut dire en français "Nourriture Crue Biologiquement Appropriée". Le régime alimentaire BARF est une approche naturelle de l'alimentation du chien. Dans cette optique, le choix des aliments s'appuie sur le respect de la physiologie propre à l'animal. Le chien étant un carnivore, il convient de lui proposer une alimentation de carnivore, à base majoritairement de viande, d'os crus et d'abats. Ce type d'alimentation s'appuie notamment sur l'idée que les choix alimentaires des animaux sauvages sont guidés par leurs besoins biologiques. Dans la nature, les animaux choisissent instinctivement le régime le mieux adapté à leur métabolisme, choix que les animaux domestiques carnivores n'ont plus la possibilité de faire, tout simplement parce que c'est l'être humain qui subvient à leurs besoins quotidiens. Les chiens de travail et d'utilisation ou les chiens de concours ne se satisfont pas du BARF car on ne mesure pas précisément les oligoéléments, les minéraux et les vitamines.

On appelle alimentation industrielle humide, la nourriture fournie dans les "boîtes" achetées dans les grandes surfaces. Les besoins quotidiens nécessaires à un chien adulte en activité sont totalement apportés par ce type d'alimentation. La garniture des boîtes est réalisée par des spécialistes de la nutrition canine qui garantissent grâce à leur produit une alimentation saine et équilibrée pour le chien. Les boites doivent être maintenues au froid sous peine d'intoxication alimentaire Le prix de revient des boites est deux fois plus élevé que les croquettes

On appelle alimentation "maison", l'alimentation réalisée par vos soins. Il est indispensable de fournir au chien des aliments frais et de qualité. En dépit de l'amour des maîtres porté à leur bête, bien fréquemment la nourriture préparée est carencée en minéraux et vitamines. À l'inverse des croquettes et des boîtes, la quantité fournie est un réel problème car souvent le propriétaire verse une quantité approximative changeante d'un jour à l'autre ce qui est source d'obésité. Les animaux comme les hommes ont besoin d'une alimentation équilibrée et saine afin d'être en bonne santé. Contrairement à ce qu'il est fréquemment pensé, ce type d'alimentation est plus coûteux que l'alimentation industrielle et nécessite une attention particulière.

Pourquoi certains chiens se montrent-ils si difficiles, boudant la nourriture que leur maître leur présente alors que d'autres avalent tout d'un simple coup de langue ? Tout comme chez les humains, nous trouvons de gros et de petits mangeurs chez nos chiens. Il semble que l'attrait face à la nourriture soit, en partie tout au moins, sous influence génétique. On sait également qu'au moment du sevrage et jusqu'à la fin du troisième mois, il existe une phase sensible au cours de laquelle les chiots subissent toutes sortes d'influences et apprennent notamment à

L'éducation du chien polyvalent

sélectionner dans leur environnement ce qui est comestible.

Un tel conditionnement évite à l'animal d'ingérer des choses qui pourraient lui être nuisibles. Ce phénomène peut expliquer qu'un chien refuse une nourriture qu'il n'a pas eu le loisir de goûter dans son jeune âge.

En conclusion, les croquettes sont à préférer aux aliments humides et à une ration que vous pourriez cuisiner vous-même.

Devant un refus soudain et prolongé de nourriture, je ne parle pas de comportement passager, une visite chez le vétérinaire s'impose. Si aucune maladie n'est détectée, il faut chercher une autre cause. Le chien est un être sensible. Un changement de milieu, la perte d'un compagnon humain ou animal peuvent l'inciter à jeûner quelques jours. Je vous conseille d'accepter cette diète et à ne pas paniquer. Si cela dure alors, le vétérinaire sera de nouveau consulté, et il faudra insister auprès de lui.

Certains chiens mangent des choses non comestibles comme de la terre, des pierres, du bois, du plastique, de poteries, voir des chaussettes, etc.., on a également retrouvé de tels objets dans les estomacs des Loups italiens du début du XXe siècle. Ce comportement, appelé Pica, semble être influencé par la génétique puisqu'on le retrouve plus spécifiquement dans certaines lignées que dans d'autres. Il n'y a pas de déficit nutritionnel chez ces sujets. Le chien peut agir ainsi pour diverses raisons : par ennui, car il vit mal un changement, car il est en deuil. Mais souvent aussi pour attirer l'attention de ses maîtres.

Si votre chien ingère des crottes, celles d'autres chiens ou celles d'autres espèces animales, c'est parce que, pour lui, elles sont appétissantes ; c'est notamment le cas si elles contiennent de la nourriture non correctement digérée. Dire seulement « non ».

Concernant l'ingestion de ses propres crottes, malheureusement il peut s'agir d'un chien ayant été sévèrement puni pour les avoir faites dans un lieu inapproprié. Et quelqu'un a oublié la règle de base du chapitre éducation sur le sujet « faite comme si de rien n'était ».

Comment leur faire passer de si vilaines habitudes ? Saupoudrer ce qu'il a l'habitude d'ingérer et que vous lui refusez d'une substance forte (par exemple du paprika). Détourner son attention en jetant une bouteille avec des cailloux ou en faisant du bruit, et surtout récompenser s'il « laisse » sur ordre.

Mais, si votre chien ronge des bouts de bois et ingère ainsi des fibres pas forcément très digestes, çà ne mérite même pas d'y faire attention !

En ce qui concerne l'obésité, diverses enquêtes approfondies montrent que dans un grand nombre de cas, elle va de pair avec de mauvaises habitudes alimentaires et de la nourriture de mauvaise qualité.

Le chien obèse ne doit pas être anthropomorphisé : pas de sentiments humains. On diminue les quantités, on passe en croquettes pour chien obèse, on fait plus de sport. Éventuellement on associe des diètes.

Le plaisir de manger, est lié à une perception subjective et personnelle des saveurs des aliments. Le goût a pour siège les papilles gustatives, petites saillies se trouvant dans la région postérieure de la langue et contenant des cellules sensorielles. Ces dernières réagissent à différentes substances chimiques et transmettent les informations reçues à des neurones reliés à l'encéphale. Les papilles gustatives se trouvent en moins grand nombre chez les chiens que chez les humains (environ 2 000 chez les premiers contre 10 000 chez les seconds). Bien qu'elles puissent différencier les substances sucrées, salées, acides et amères, elles le font aussi d'une manière beaucoup moins précise. De ce fait, nos chiens sont nettement moins gourmets que nous.

L'odorat est associé si étroitement au goût qu'il est difficile de savoir lequel des deux primes quand il s'agit de préférence alimentaire, une bonne odeur de cuisson nous

L'éducation du chien polyvalent

donne déjà faim !

En ce qui concerne, nos chiens préférés la différenciation est d'autant plus difficile à faire que ceux-ci ont une sensibilité olfactive nettement plus fine que nous (vis-à-vis des chiens, nous sommes, pauvres humains, des handicapés de l'odorat).

Différentes recherches ont néanmoins permis d'en savoir un peu plus : si pour les chiens l'odorat semble primordial pour la détection de la nourriture, l'odeur dégagée n'est pas le seul critère de choix, la texture et le goût de cette dernière y jouent également un rôle non négligeable.

Notre chien peut être nourri par une nourriture sentant la viande mais n'en contenant pas, ou un mixte au trois-quarts légumes et un quart de viande.

LA VIEILLESSE DU CHIEN

Avoir un chien c'est être attentif aux signaux qu'il vous envoie. Graduellement moins beau, moins actif, moins présent, l'animal âgé est plus fragile qu'un jeune adulte et doit donc faire l'objet d'observations et d'attentions toutes particulières.

Le regarder vivre et se déplacer, le palper, noter tout changement pour reconnaître ses déficiences progressives, aide à vite déceler l'apparition d'une maladie liée au vieillissement.

L'allongement du temps de repos et de sommeil, est normal, et ne devra donc pas être une inquiétude.

Mais lentement l'animal peut venir à souffrir dans sa locomotion, s'essouffler, mal entendre ou mal voir.

Le cerveau est concerné par le vieillissement. Son inévitable dégénérescence entraîne et accompagne progressivement des troubles de l'humeur et du comportement.

Les signes du 3e âge se voient donc sur le plan physique, psychologique et comportemental.

Un nouveau compagnon lui serait-il profitable ? Il vaut mieux s'abstenir d'amener « dans les pattes » d'un chien ou d'un chat senior, un chiot turbulent par nature, qui risque de le bousculer et l'épuiser avec sa vitalité débordante et ses mordillements.

Mais, et c'est mon expérience, si l'on introduit un jeune animal dans le groupe familial en début de la phase senior quand le chien est encore bien actif, alors c'est bénéfique pour les deux.

Le jeunot va faire maints apprentissages par imitation avec son « vieux copain » mais les mauvaises habitudes et les bonnes habitudes seront transmises.

Stimulés, mes chiens seniors ont toujours retrouvé une seconde jeunesse, mais j'ai veillé au grain, en étant juste.

Votre chien ne passe plus son temps qu'à dormir et semble devenir comme plus « mécanique », à n'être plus intéressé que par sa gamelle et l'heure des sorties, il faudra devenir encore plus indulgent pour l'accompagner jusqu'à sa fin. Maintenir son vieil animal en vie dans le confort jusqu'à sa mort, c'est formidable : c'est cela être un maître responsable.

Mes vieux chiens se sont tous mis à déambuler et à donner l'impression de se « perdre » dans leur environnement habituel, mais j'ai toujours laissé faire, et aider mes chiens à mieux vivre leur 3e âge. Des visites régulières chez le vétérinaire, s'imposent à « l'âge mûr » sachant qu'aucun traitement ne pourra jamais rajeunir un vieil animal, mais souvent lui assurer une qualité de vie plus optimale.

Veiller à lui ménager une place de repos plus moelleuse et plus au calme, car tout en gardant le contact avec la vie de famille, l'animal a besoin de plus longues périodes de sommeil. Sans le reléguer, il faut le protéger notamment de l'agitation.

La perte d'appétit ou au contraire la boulimie, l'incontinence nocturne, des constipations en alternance avec des diarrhées sont autant de points de repère de l'affaiblissement des fonctions vitales de l'organisme de l'animal. À ce stade, il faut échanger avec le vétérinaire.

LA SEXUALITÉ DU CHIEN

La maturité sexuelle du chien se produit autour du septième mois chez le mâle, et entre sept et dix mois chez la femelle. Par contre, le chien peut manifester des désirs sexuels dès l'âge de sept semaines, sous forme de jeux où l'accouplement est simulé. La femelle connaît des périodes de chaleurs ou œstraux, en général, tous les six mois. Il arrive que cet intervalle varie entre 4 et 8 mois. Ces périodes se produisent au printemps et à l'automne ; elles correspondent à l'ovulation et dure de 15 à 20 jours. La fécondation peut se produire entre le septième et le quatorzième jour. L'urine contient alors des phérormones qui attirent les mâles. La chienne a des segments généralement appelés menstruations, bien que le terme exact soit diapédèse. Il s'agit de globules rouges qui traversent la paroi. Si un mâle montre de l'intérêt, la chienne fera savoir son consentement en plaçant sa queue de côté, pour présenter son vagin.

Lors de copulation, un bulbe sur le pénis du chien se gorgera de sang. Le chien ne pourra se séparer de la femelle tant qu'il ne se désengorgera pas, cela peut prendre de 15 à 20 minutes. Attention, il est très important de ne pas tenter de séparation sous aucun prétexte car cela

L'éducation du chien polyvalent

risquerait de déchirer le vagin de la femelle.

Si vous voulez faire s'accoupler deux chiens, il est préférable d'emmener la femelle chez le mâle car ce dernier peut refuser de copuler en territoire inconnu ou s'il a peur. Il est à noter que le mâle est le seul à posséder un os dans le pénis, appeler os pénien. Il arrive qu'il y ait des cas d'homosexualité chez le mâle. Ce comportement est dû à une frustration sexuelle. Cette frustration peut provoquer de l'agressivité et des fugues. Chez la femelle, les fugues sont un peu plus rares, mais elle peut devenir surexcitée.

De nombreuses personnes ont aujourd'hui encore du mal à prendre la décision de faire stériliser leur chienne. Pourtant, si vous ne désirez pas faire un élevage, c'est la meilleure solution.

Il ne faut pas considérer la stérilisation comme une mutilation qui rendra votre animal malheureux. Il faut savoir que le comportement d'une chienne dépend surtout de son instinct et de ses hormones. Les chaleurs apparaissent environ deux fois par an, et durent en général 3 semaines. Hormis ces deux périodes de l'année, sachez que votre chienne n'a nulle envie de se reproduire et, contrairement aux idées reçues, elle n'a pas besoin d'avoir été au moins une fois en relation avec un mâle pour être équilibrée.

Il faut savoir que la contraception par piqûres ou par comprimés n'est pas la solution optimale, mais est une bonne approche pour un maître averti.

Le traitement va supprimer les chaleurs mais n'aura aucun effet sur les autres problèmes hormonaux, dus à la présence des ovaires, et qui peuvent entraîner parfois des maladies. Mais dans la nature la louve est-elle stérilisée ? Pour moi le problème est surtout de ne pas faire l'apprenti éleveur.

La stérilisation chirurgicale a pour but l'ablation des ovaires, avec ou sans l'utérus. Cette opération est très commune et pratiquée par tous les vétérinaires. Certains vétérinaires conseillent de faire stériliser la chienne entre les premières et deuxièmes chaleurs.

Vous pouvez également opter pour la ligature des trompes. Mais sachez que cette intervention ne supprime pas les chaleurs. Votre chienne ne pourra simplement pas avoir de petits.

La stérilisation augmente les risques de prise de poids. Il est très important de surveiller l'alimentation de la chienne pendant les 3 mois qui suivent l'opération et de lui faire faire de l'exercice. Sachez enfin qu'une chienne stérilisée aurait tendance à vivre plus longtemps qu'une chienne entière car elle aurait moins de risques potentiels de santé. Je ne sais pas, discutez-en avec votre vétérinaire et prenez plusieurs avis.

S'il n'est jamais en présence d'une femelle en chaleur, un chien n'éprouvera pas le besoin de se reproduire. Ainsi, la castration, contrairement aux idées reçues, ne vient pas perturber l'équilibre général d'un chien.

La situation est au contraire plus compliquée s'il est stimulé par la présence de femelles, mais qu'il n'y a pas de contact physique. Le chien sera alors surexcité et il faudra avoir recours à un traitement hormonal pour le calmer. Mais dans la nature le Loup est-il castré ?

Un chien non castré devient fugueur en période de chaleurs et souvent surexcité si des femelles sont à proximité. En présence d'une femelle en chaleur, il n'écoutera que son instinct sexuel et ignorera vos rappels à l'ordre. Il faut donc en être averti, et au moins utiliser la castration médicamenteuse en étant prévenant dans les deux périodes à risque.

La vasectomie est une ligature des canaux spermatique le chien reste capable de saillir.

À titre personnel, je suis surpris du discours des comportementalistes canins qui sont en même temps vétérinaires et qui prônent la satisfaction des besoins primaires du chien mais veulent la contraception irréversible. Avouons que l'acte chirurgical rapporte entre 200 et 300 euros.

L'éducation du chien polyvalent

À titre personnel je pratique la contraception réversible avec mes chiens et une veille attentive lors des moments du Printemps et l'Automne.

Pour mes femelles, je choisis des hormones de synthèse empêchant la survenue de l'ovulation mais aussi des chaleurs. Les molécules utilisées sont en général des dérivés de synthèse de la progestérone (progestagènes ou progestatifs). Il faut les utiliser en anoestrus, pour retarder l'apparition de l'oestrus ou en début de pro oestrus, pour interrompre les chaleurs. Les progestagènes exercent une action hormonale qui va aboutir au blocage de la maturation des follicules et de l'ovulation. L'emploi de progestatifs étant accompagné d'un certain nombre de complications, il conviendra, avant de les utiliser pour la contraception, d'avoir une bonne connaissance du cycle oestral de la chienne, et de faire réaliser examen médical préliminaire par un vétérinaire pour détecter une pathologie qui constitue une contre-indication à l'utilisation de ces molécules. Il conviendra d'être prudent quant à l'utilisation des progestatifs surtout chez les lévriers.

Pour mes mâles je recours à la castration chimique avec implant de Desloreline sous le nom de Suprelorin. Ce dernier libère des hormones en continue qui castrent chimiquement le chien. La stérilité est effective dans les 4 à 6 semaines après l'implantation. Les effets sont complètement réversibles L'implant s'injecte sous la peau sans anesthésie générale et ne gêne en aucun cas l'animal. Plusieurs implants peuvent être injectés à la suite.

Je ne suis pas vétérinaire, donc j'invite le lecteur à comprendre que je partage mon expérience. Il faut lire, s'instruire, échanger sur ce sujet, car une contraception définitive est un choix important.

Je précise enfin que j'ai des chiens sélectionnés, qui sont LOF, qui participent à des concours de race et qui sont entraînés aux sports canins en RCI.

UN ÉLEVEUR SÉRIEUX

L'éleveur sérieux vous propose des reproductrices et reproducteurs de hautes lignées et vous communique leur notation en concours de nationale d'élevage.

Avant la première maternité, il a fait radiographier les hanches des reproducteurs et fait coter les clichés par la commission du club de race, qui délivrera un certificat officiel de cotation que l'éleveur vous photocopiera.

Un test ADN des reproducteurs a été réalisé, ainsi qu'une recherche des tares oculaires.

L'éleveur doit vous remettre les copies de ces certificats. S'il ne peut pas vous les présenter, il n'est pas prudent de concrétiser votre achat chez cet éleveur. Désolé. Vous n'êtes pas sûrs d'acquérir un chien en bonne santé, ne prenez aucun risque.

L'âge idéal pour l'achat d'un chiot se situe entre 8 et 9 semaines. Il a sa puce et a reçu une primo-vaccination pour les 3 maladies garanties par la loi : Maladie de Carré, Parvovirose et Hépatite.

L'éducation du chien polyvalent

Vérifiez vos documents : Attestation de vente, Carnet de vaccination avec les timbres des premières injections et les dates des premières protections vermifuges, Certificat de naissance, Facture, Dossier d'identification puce et/ou tatouage, et Certificats de dépistages de la dysplasie de la hanche et autres

Un sachet des croquettes utilisées par l'éleveur et un guide sur la race, sont souvent offert par les éleveurs très sérieux.

N'oubliez pas de faire faire le vaccin de la rage à partir de 4 mois et un rappel chaque année.

LA LEGISLATION

Les chiens susceptibles d'être dangereux sont répartis en 2 catégories.

La 1ère catégorie regroupe les chiens d'attaque qui sont des chiens assimilables par leurs caractéristiques morphologiques aux chiens de race American Staffordshire terrier, sans LOF. Les chiens assimilables par leurs caractéristiques morphologiques aux chiens de race Mastiff, sans LOF. Les chiens assimilables par leurs caractéristiques morphologiques aux chiens de race Tosa sans LOF. Ces chiens peuvent être communément appelés Pitbulls, Boerbulls et Tosa. Il ne s'agit pas de chiens de race mais issus de croisements car il ne présente pas de LOF.

La 2ème catégorie regroupe les chiens d'attaque qui sont des chiens assimilables par leurs caractéristiques morphologiques aux chiens de race American Staffordshire terrier, avec LOF. Les chiens assimilables par leurs caractéristiques morphologiques aux chiens de race Tosa sans LOF. Les chiens assimilables par leurs caractéristiques morphologiques aux chiens de race Rottweiler, sans LOF.

Il est interdit d'acheter, de vendre, de donner, d'importer et/ou d'introduire en France, les chiens de 1ére

L'éducation du chien polyvalent

catégorie. La personne ayant acquis un chien d'attaque, avant l'application de la réglementation de 2010, doit détenir un permis de détention. Pour chiens de 1ére catégorie ils seront stérilisés et le propriétaire devra présenter une attestation de stérilisation accompagnée de la carte CAD d'enregistrement du chien.

Pour les chiens de 1ére et de 2éme catégorie, ils sont interdits d'accès dans les transports en commun, les lieux publics et dans les locaux ouverts au public, en dehors de la voie publique, et ils ne doivent pas demeurer dans les parties communes des immeubles collectifs.

Les chiens de 1ére et de 2éme catégorie sont toujours muselés et tenus en laisse par une personne majeure sur la voie publique et dans les parties communes des immeubles collectifs. La personne qui s'occupe d'un chien de 1ére ou de 2éme catégorie, même provisoirement, à l'obligation de posséder une carte d'identification délivrée par la société centrale canine et d'avoir validé un permis de détention. La délivrance de ce permis se fait suite à une formation d'aptitude à la détention de l'animal et d'une évaluation comportementale de l'animal. Détenir, ou simplement promener, un chien pouvant être dangereux sans permis fait l'objet de sanctions.

Le code de la propriété intellectuelle n'autorisant, aux termes de l'article L. 122 — 5, 2 ° et 3 ° a, d'une part, que les « copies ou reproductions strictement réservées à l'usage privé du copiste et non destinées à son utilisation collective » et, d'autre part, que les analyses et les courtes citations dans un but d'exemple et d'illustration, « toute représentation ou reproduction intégrale ou partielle faite sans le consentement de l'auteur ou des ayants droit ou ayant cause est illicite » (art. L. 122-4). Cette représentation ou reproduction, par quelque procédé que ce soit, constituerait donc une contrefaçon sanctionnée par les articles L. 335-2 et suivant du Code de la propriété intellectuelle.

Le droit d'auteur français est le droit des créateurs. Le principe de la protection du droit d'auteur est posé par l'article L. 111-1 du code de la propriété intellectuelle (CPI) qui dispose que « l'auteur d'une œuvre de l'esprit jouit sur cette œuvre, du seul fait de sa création, d'un droit de propriété incorporelle exclusif et opposable à tous. Ce droit comporte des attributs d'ordre intellectuel et moral ainsi que des attributs d'ordre patrimonial ».

INFORMATION

Ce guide permet de découvrir le Dobermann, mais aussi, car je connais ce moment délicat, j'ai souhaité vous conseiller lors de l'arrivée de votre chiot. Tout se joue dans les premières semaines. L'éducation, est aussi une étape clé pour votre chien et vous, j'ai souhaité vous présenter ma méthode d'éducation.

Pour rester dans un prix accessible à tous, les guides ne sont pas illustrés, mais vous trouverez des photos sur mon site http://chien.revolublog.com.

Fin